SENTIR EL LIDERAZGO

DIEGO
PEÑA
VÁZQUEZ

SENTIR EL LIDERAZGO

DIEGO PEÑA VÁZQUEZ

30 lecciones que te convertirán en un auténtico **líder**

PIRÁMIDE

Primera edición: marzo, 2026

Diseño de cubierta: Departamento de Arte Grupo Anaya

© Diego Peña Vázquez, 2026
© Ediciones Pirámide (Grupo Anaya, S. A.), 2026
Valentín Beato, 21. 28037 Madrid
Teléfono: 91 393 89 89
www.edicionespiramide.es

PAPEL DE FIBRA
CERTIFICADA

ISBN: 978-84-368-5138-0
Depósito legal: M. 570-2026
Impreso en España - Printed in Spain

A Rosana, Javier y Sergio.

ÍNDICE

PARTE PRIMERA

DEL AUTOCONOCIMIENTO A LA REINVENCIÓN

PARTE SEGUNDA

LA AUTENTICIDAD

PARTE TERCERA

LA CONEXIÓN

PARTE CUARTA

EL TALENTO

PARTE QUINTA

EL LEGADO

PARTE SEXTA

LECCIONES DE VIDA

AGRADECIMIENTOS

Mi más sincero agradecimiento para mi editora Lidia Tello, por sugerir una idea que me acabó encantando y que se ha acabado convirtiendo en *Sentir el liderazgo*. También para todos los líderes que durante mi vida me han inspirado mediante la integridad y el buen ejemplo. Y, por supuesto, para las personas que, a pesar de las circunstancias, tienen el valor de sonreír a la vida.

Introducción

Mi relación con el liderazgo y el trabajo en equipo se remonta a la más tierna infancia. Todo comenzó con la práctica del deporte que siempre he considerado el más fascinante del mundo: el baloncesto. Fueron años que me permitieron comprender el sentido de la colaboración genuina, la importancia de competir al máximo nivel con respeto y humildad y lo que realmente significa el sentido de pertenencia. Durante esos años en el colegio, conocí a gente que marcó para siempre mi relación con el liderazgo y mi destino como persona.

En casa, desgraciadamente, las cosas no fueron como en el colegio, puesto que cuando apenas era un niño que empezaba la edad adolescente, mi padre partió dejando un vacío que condicionó en gran medida mi adolescencia. Durante bastante tiempo, perdí el rumbo y aunque reconozco que me costó un enorme esfuerzo, creo que lo acabé encontrando. Al menos eso es lo que pienso cuando escribo estas palabras.

Observando el pasado con la perspectiva que me da la edad, he acabado entendiendo el impacto que tiene sobre nosotros lo que aprendemos durante la infancia y cómo ese aprendizaje se va mostrando a lo largo de la vida sin apenas darnos cuenta. Sin duda, el período que transcurre hasta que un ser humano consigue una madurez suficiente es amplísimo y no podremos esperar resultados de lo que enseñamos a los más pequeños hasta una edad bastante avanzada.

Pero este hecho a lo único que nos tiene que motivar es a formarlos y educarlos sabiendo que estamos construyendo el proyecto más importante de nuestras vidas. Un proyecto que, aunque tarde en florecer, lo hará con fuerza cuando llegue su momento. Un proyecto que para que sea un éxito, deberá tener unos cimientos lo suficientemente sólidos como para asentar una vida que aparte de tener sentido, esté libre de miedo y desconfianza.

Siempre he tenido claro que un niño es una caja de sorpresas que poco a poco irá mostrando su contenido. Un contenido que tendrá que estar lleno de enseñanzas y experiencias que, aparte de fortalecer su autoestima y su autoconfianza, le permitan liderar su propia vida y trabajar en equipo entendiendo el valor del compromiso.

Liderazgo y trabajo en equipo

¿Qué es el liderazgo? ¿Cómo podemos definir el trabajo en equipo? Son cuestiones que llevo intentando contestar desde que me comprometí a escribir y a difundir mis ideas sobre el difícil arte de liderar y colaborar hace varios años.

Como resultado de ese compromiso, en 2022 se publicó *El círculo mágico del liderazgo,* libro en el que expliqué que liderar significa «dirigir personas generando sentimientos de pertenencia e implicación mientras se buscan metas comunes». Ya en 2024, en *El símbolo secreto del liderazgo,* definí trabajo en equipo como «aquel que demanda la colaboración de varias personas para desarrollar una serie de actividades en un ambiente estimulante y motivante mientras se buscan objetivos comunes».

Reconozco que estas definiciones me gustan especialmente porque expresan algo en lo que creo firmemente, que liderar y trabajar en equipo no va únicamente de conseguir objetivos, sino de hacerlo también en un ambiente que promueva la implicación, la integración y la adhesión a una causa con la que el grupo se sienta identificado.

Y precisamente de entender que eso de liderar y colaborar no va únicamente de realizar tareas y conseguir resultados, sino que también va de experimentar, de conectar, de compartir y de empatizar, nace *Sentir el liderazgo,* libro que he escrito con la intención de difundir un liderazgo que, partiendo de lo más hondo de tu ser, llegue a lo más profundo de la mente de cada una de las personas que forman tu equipo.

La buena educación

La buena educación es uno de los valores centrales del liderazgo. Es una forma de comportarse que se basa en el respeto hacia los demás y que tiene como pilares esenciales la responsabilidad, la empatía y la ejemplaridad del líder. Nace del convencimiento, no de la imposición, pues solo puede ser educado el que realmente cree en los beneficios que le aporta a él y a los demás. Hace tiempo que entendí que la buena educación debería ser la base sobre la que se construye la relación del líder con su equipo y no una alternativa que se escoge de vez en cuando.

Lamentablemente, la buena educación está en desuso. Solo hay que darse una vuelta por empresas, centros educativos o clubes deportivos, y observar con incredulidad el trato que muchos líderes dan a las personas que forman sus equipos. Por cierto, líderes que deberían ser un ejemplo de educación y que por desgracia lo son de malas formas.

Reconozco que liderar, en muchas situaciones, está asociado con altos niveles de exigencia y responsabilidad, y que cuando la presión y la tensión aumentan, la templanza que demanda el trato educado es más difícil de conseguir. Pero las situaciones estresantes no pueden ser la razón para justificar la desconsideración y el desprecio como norma de actuación, sino la causa para convencernos del valor de la educación y de la necesidad de aprender a gestionar las emociones que nos empujan con fuerza a comportarnos de la peor forma posible en las situaciones más delicadas. En este caso, no podemos olvidar que al comportarnos de forma educada con la persona que nos relacionamos, la ponemos en valor y protegemos su integridad y esto, cuando hablamos de liderazgo, importa mucho.

Conviene tener claro que, al ser educados, ni buscamos la aprobación externa ni queremos evitar un posible castigo, sino sentir la satisfacción que proporciona el comportarse de acuerdo con unos principios que fortalecen el carácter, nos ayudan a conectar con los demás y refuerzan el dominio de uno mismo.

Al tratar con educación a los integrantes del colectivo con independencia de cómo se comporten o de lo difícil que sea la situación que tengamos que afrontar, conseguidos dos importantes objetivos. El primero es demostrarnos a nosotros mismos que los estímulos externos no tienen más fuerza que los valores que sustentan nuestro sistema de creencias. Por supuesto, siempre que esos valores sean sanos y moralmente beneficiosos. El segundo es que difundimos los principios en los que se deberían basar las relaciones verdaderamente humanas, y esto tiene un enorme valor en sí mismo.

La educación nos convierte en personas íntegras, sienta las bases del respeto mutuo y nos aleja de las relaciones basadas en la desconfianza, razones más que suficientes para cultivarla con sentido y resolución.

La contradicción humana

Siempre me ha llamado la atención la enorme cantidad de contradicciones que forman parte de nuestras vidas, contradicciones que asumimos con una naturalidad que como mínimo sorprende. Una de las más llamativas es la que se basa en querer lograr un objetivo importante sin hacer nada, o más bien haciendo justo lo contrario de lo que se debe hacer para conseguirlo.

Aunque creas que esto únicamente le ocurre a los demás, puede que como padre seas de los que quiere que sus hijos desarrollen una sana autoestima y una autonomía que les permita afrontar la vida con confianza, mientras tomas cualquier decisión por ellos y no les permites correr riesgos, muchas veces hasta edades bastante avanzadas. O que como empresario o directivo demandes lealtad y compromiso a tu equipo, mientras creas ambientes de trabajo basados en la desconfianza generalizada. O que como entrenador pretendas que los jugadores tengan iniciativa y confianza a la hora de jugar, mientras utilizas el miedo al error, el castigo y la culpa. O que como educador exijas interés por el aprendizaje y buena conducta, promoviendo métodos de enseñanza aburridos y una paciencia bastante limitada.

Por desgracia el problema no termina ahí, puesto que cuando se lidera y se trabaja en equipo haciendo justo lo contrario de lo que se tiene que hacer para que la dinámica grupal sea positiva, se suele recurrir a una justificación bastante común para no sentirnos culpables del mal funcionamiento del grupo: «asegurar que el ser humano es incorregible y que trabajar en conjunto es prácticamente imposible porque la gente no tiene interés en colaborar, o lo que es lo mismo, responsabilizar al equipo de nuestra incompetencia como líderes».

Lo que ocurre de verdad es que, en el fondo, no nos gusta asumir la responsabilidad que tenemos cuando lideramos y preferimos buscar excusas para no reconocer que, si el equipo no funciona bien, no es porque sus integrantes no quieren participar o aportar soluciones, sino porque en gran medida no estamos haciendo las cosas que tendríamos que hacer para que funcionara correctamente. O simplemente, estamos haciendo justo lo contrario de lo que deberíamos hacer. No siempre es así, pero sucede con la suficiente frecuencia como para tenerlo muy en cuenta.

Por eso, una de las claves del liderazgo competente es asumir la responsabilidad que se tiene como líder y hacer lo que se debe hacer para que la dinámica del equipo sea la adecuada. Reto que te propongo en *Sentir el liderazgo* y que me gustaría que afrontaras con las mismas ganas y la misma determinación que lo acaban haciendo los verdaderos líderes.

El liderazgo auténtico y el compromiso por convencimiento

El liderazgo está íntimamente relacionado con la capacidad del líder para conectar con cada una de las personas que forman el equipo. Una conexión basada en la complicidad emocional, en la confluencia de intereses y en el vínculo que caracteriza las relaciones que tienen como base la confianza. Al menos eso es lo que yo he sentido cuando me han liderado desde la autenticidad, y es lo que intento hacer cuando me toca ejercer el liderazgo.

Reconozco que generar esta conexión tan genuinamente humana no es una tarea sencilla, pues demanda voluntad para aprender, determinación para hacer y entrenamiento para mejorar a lo largo del tiempo. Sin duda, ordenar y esperar obediencia simplifica mucho las cosas. De esta manera, se le dice a alguien lo que tiene que hacer y si no lo hace correctamente, se utiliza el castigo como herramienta para que la próxima vez se esfuerce más, ponga más interés o no se equivoque.

Cuando el planteamiento se basa en el ordeno para que obedezcan, de nada sirve perfeccionar la competencia como gestor emocional, entrenar la empatía o mejorar las habilidades comunicativas para aprender a ser más asertivo. En este caso, con utilizar la culpa o el miedo a ser castigado es suficiente.

Pero la magia del liderazgo tiene su origen en las personas y más concretamente en la conexión que nace cuando comparten un destino común y sienten que su participación es decisiva para lograr los objetivos comunes. Cuando esta conexión entre el líder y su equipo se produce, la magia hace su efecto, y la imposición da paso a lo que me gusta llamar «la implicación por convencimiento», o lo que es lo mismo, a querer darlo todo por el equipo porque uno lo siente, porque uno está plenamente convencido.

La psicología es muy clara en este punto, cuando el compromiso nace en el interior de cada uno de los integrantes del grupo, las ganas de hacer, de contribuir, de progresar y de colaborar florecen con naturalidad y perduran en el tiempo. Sin embargo, cuando la imposición, el miedo y la culpa son la base de la motivación colectiva, la implicación auténtica y la conexión emocional desaparecen por completo. Si bien es cierto que a corto plazo se pueden conseguir buenos resultados presionando y atemorizando, a medio y largo plazo el precio que se suele pagar siempre es el mismo: acabar con el compromiso real del equipo.

Aunque no seamos del todo conscientes, la conexión que forja y da sentido a la relación que el líder mantiene con el grupo que lidera está en riesgo permanente. En este caso, existen cinco amenazas que ponen en peligro su viabilidad y que pueden acabar con ella si no entendemos cómo condicionan nuestro comportamiento cuando lideramos. Estas amenazas nacen en el interior de la mente y tienen el potencial de conducirnos por el camino que lleva directamente al desencuentro. Deja que te las explique.

Las amenazas que ponen en riesgo el liderazgo auténtico

La primera amenaza de la que tenemos que ser plenamente conscientes es el **ego desproporcionado**. El ego es traicionero y si no lo impedimos puede llegar a tener una gran influencia sobre nuestra forma de comportarnos. Primero porque nos hará creer que siempre tenemos la razón y esto impedirá que valoremos las aportaciones del equipo. Segundo porque en nuestro empeño por ser infalibles, nos pondrá a la defensiva cuando alguien cuestione razonablemente nuestros planteamientos y esto dañará la confianza colectiva. Tercero porque en el afán de hacernos sentir superiores, dificultará el desarrollo del talento individual y colectivo, y esto sumirá al equipo en la mediocridad.

El ego nos aleja emocionalmente del equipo, acaba con el sentimiento de pertenencia, levanta barreras difíciles de superar, y si permitimos que se convierta en nuestro principal consejero, corremos el riesgo de que nos fuerce a acabar con el vínculo que nos une al conjunto que lideramos. Cuidado con su presencia porque, aunque nos haga sentir fuertes, en realidad nos debilita.

Nos desplazamos hacia el otro lado de la balanza para encontrarnos con la segunda amenaza del liderazgo auténtico y que no es otra que **la desconfianza del líder en sí mismo.** Cuando hablo de desconfianza me refiero a esa sensación de inseguridad que acompaña a multitud de seres humanos cuando se relacionan con el grupo que lideran. Uno de los problemas más importantes de la persona insegura es que piensa que los demás no la valoran lo suficiente o que de alguna manera quieren hacerle daño, y cuando esto sucede, la respuesta natural es estar permanentemente a la defensiva e incluso llegar a mostrar un cierto grado de agresividad como medida de autodefensa. Evidentemente, si alguien se siente amenazado, en lo último que piensa es en establecer vínculos duraderos basados en la confianza mutua, ya que su prioridad es salvaguardar su integridad física y psicológica de un peligro que, aunque sea imaginario, lo interpreta como real[1].

La desconfianza en uno mismo tiene diferentes formas de manifestarse. Por ejemplo, cuando nos sentimos atacados si alguien cuestiona alguna de nuestras decisiones. Cuando impedimos el debate en el seno del equipo por miedo a que se expongan ideas mejoras que las nuestras o cuando evitamos que los más talentosos brillen porque nos sentimos poco valiosos o vulnerables. En definitiva, cuando desconfiamos de nosotros mismos, también desconfiamos de los demás y, como resultado, las relaciones se suelen basar en el temor, la duda y la suspicacia.

La tercera amenaza es el **estrés excesivo** y cómo nos afecta a la hora de relacionarnos con los demás. Lo primero que quiero que entiendas es que el estrés es esencial para vivir, ya que es un elemento clave para activar nuestra motivación. El problema surge cuando lideramos un equipo y las exigencias, los plazos límites, las expectativas demasiado elevadas o las faltas de entendimiento nos conducen sin remedio a estar estresados de forma permanente.

Cuando esto ocurre y el estrés toma el control de nuestro cerebro, se produce un coctel químico que, si lo mantenemos en el tiempo, será perjudicial para la salud[2] y condicionará extraordinariamente nuestra conducta. Entonces nos volveremos más irascibles, estaremos mucho más irritables y la templanza y la serenidad que demanda el liderazgo genuino desaparecerán sin más. Estas situaciones harán mucho más probables las reacciones viscerales, las malas contestaciones y el trato despectivo que tanto daño hacen a la relación que mantenemos con el colectivo.

La cuarta amenaza está relacionada con lo que entendemos por motivación humana y la preponderancia que se le ha dado históricamente **al enfado, al miedo y al castigo** como mecanismos infalibles de motivación. Pero ¿motivan realmente? Depende de lo que queramos conseguir. Me explico.

Si lo que queremos es condicionar al equipo para que hagan algo, lo dejen de hacer o intenten conseguir un objetivo sin más, el enfado, el miedo y el castigo motivan y mucho, sobre todo a corto plazo. Sin embargo, si lo que pretendemos es que el colectivo, aparte de tener un motivo para hacer o dejar de hacer, desarrolle un fuerte sentimiento de pertenencia, una sana confianza en sí mismo y un nivel de implicación elevado, entonces son muy perjudiciales.

El enfado expresado con ira, además del miedo y el castigo, son realmente eficaces para conseguir respuestas inmediatas, ya que nos ponen en alerta y activan el sistema que nos avisa de un peligro inminente que debemos evitar. El problema es que a medio plazo acaban con la dinámica positiva de cualquier grupo al fomentar la desconfianza, el desapego, el distanciamiento y el desasosiego.

La quinta y última amenaza tiene como base **la creencia** que asegura que el ser humano es egoísta por naturaleza, que únicamente piensa en sus intereses, que no quiere asumir ningún tipo de responsabilidad y que en cuanto nos descuidemos, nos traicionará. Y yo te pregunto: ¿quién puede ejercer un liderazgo basado en la complicidad, en la responsabilidad compartida, en la confianza mutua o en la colaboración genuina pensando de esta manera? Me temo que pocas personas.

Si te soy sincero, cada día me sorprende más lo mal que pensamos del ser humano en general y de las personas con las que colaboramos en particular. También lo mucho que nos afecta esta forma de pensar cuando nos relacionamos y trabajamos en equipo. Sin duda, es la forma más eficaz para estar en permanente estado de alerta mientras esperamos el momento de la traición o del engaño.

Si bien es cierto que hay gente que no es de fiar y no es capaz de cumplir con sus compromisos, en realidad son muy pocos los que actúan de esta manera si tenemos en cuenta la enorme cantidad de personas que tienen una sana predisposición a colaborar buscando el bien común. Como expliqué en *El símbolo secreto del liderazgo*, al «hecho de dirigir personas generalizando el mal comportamiento que pueda tener una minoría lo denominamos "liderar por excepción", y es uno de los errores más importantes que podemos cometer cuando lideramos». Simplemente porque de esta manera nunca podremos establecer la conexión que da forma a las relaciones basadas en la confianza.

Y del ego desproporcionado, de la desconfianza del líder en sí mismo, del estrés excesivo, de la creencia en la eficacia de la ira, del miedo y del castigo y de la desconfianza en el equipo, surge el concepto de lo que hemos acabado denominando como «liderazgo tóxico». Y que no es otro que el que representa la figura de un líder que sostiene con vehemencia que el desprecio, la mala educación y la presión desmesurada son las fórmulas más adecuadas para dirigir equipos a pesar de las evidencias que indican justamente lo contrario. Cuidado porque las amenazas que acabo de describir son reales y el liderazgo tóxico está más extendido de lo que pensamos. Por este motivo, únicamente de ti depende hacerle frente con éxito.

Los objetivos de *Sentir el liderazgo*

El primer objetivo que he perseguido al escribir *Sentir el liderazgo* ha sido destacar la figura del líder como un ser humano que a pesar de las imperfecciones y las debilidades que le acompañan en su vida, ha tomado dos importantes decisiones: ser auténtico ante sí mismo y ante los demás, y dejar un legado del que sentirse satisfecho. Muchas veces se olvida que detrás de cada puesto de responsabilidad hay una persona que tiene que enfrentarse a sus propios temores y contradicciones. Y que de esa lucha permanente es de donde nace el verdadero liderazgo.

El segundo ha sido resaltar la enorme influencia que tienen los prejuicios sobre lo que pensamos de los demás y cómo nos comportamos cuando lideramos y colaboramos. Prejuicios que normalmente enfatizan y generalizan los aspectos más negativos relacionados con la condición humana y se olvidan por completo de los positivos. Y que, por lo tanto, son los causantes de muchos de los conflictos y malentendidos que se acaban produciendo en el ámbito del liderazgo y el trabajo en equipo.

El tercer objetivo ha sido crear una senda muy particular y que espero te guste. Una senda que, si estás convencido, te ayudará a superar los demonios y los miedos que te persiguen a todas partes y te impiden, como líder, mostrarte ante el mundo como lo que realmente eres: un ser humano singular que quiere lo mejor para su equipo. A continuación, te enseño el sendero al que llamo «la senda del líder» y que juntos recorreremos a lo largo del libro.

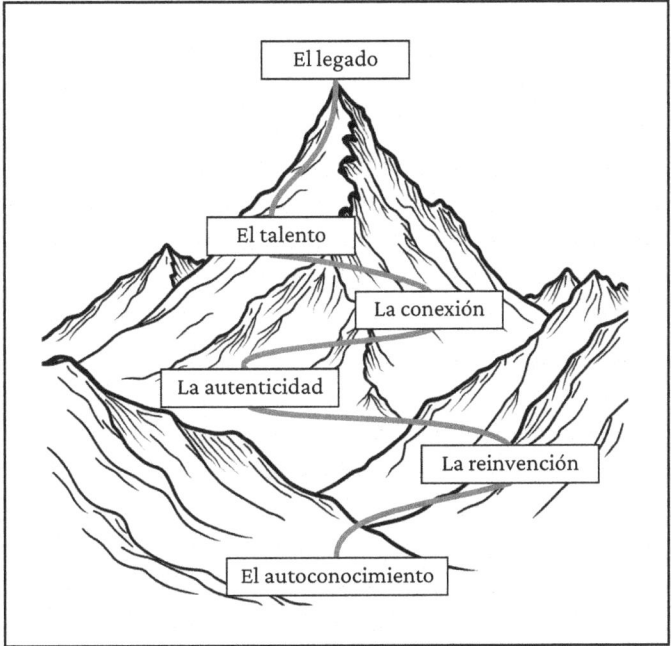

El legado

El talento

La conexión

La autenticidad

La reinvención

El autoconocimiento

Figura 1.—La senda del líder.

El cuarto y último objetivo ha sido construir un relato que conecte con las aspiraciones de las numerosas personas que están interesadas en el ejercicio del liderazgo, y les inspire a actuar con la determinación del que realmente quiere aprender y mejorar sus competencias como líder. También que el texto resulte interesante, sea fácil de leer y práctico en su aplicación. Con este propósito, a la hora de escribir el libro he utilizado el concepto de lección y, si te digo la verdad, creo que ha sido un acierto, ya que me ha permitido sintetizar gran parte del contenido y centrar el esfuerzo en desarrollar lo realmente importante.

La organización del libro

El libro se ha organizado en seis partes y un total de treinta lecciones. Las cinco primeras partes hacen un recorrido por la senda del líder. Senda que va desde el autoconocimiento hasta el legado, pasando por la autenticidad, la conexión y el talento. La última parte, titulada «Lecciones de vida», sirve para aplicar los conocimientos adquiridos hasta ese momento en cuatro ámbitos diferentes (el profesional, el deportivo, el educativo y la familia).

En cuanto a las lecciones, cada una tiene un título, una cita inspiradora, un desarrollo que profundiza en un tema relacionado con el liderazgo y un consejo o consejos que en la práctica funcionan como la lección que finalmente hay que aprender.

La senda del líder

Sentir el liderazgo comienza con una propuesta que te conducirá directamente hacia el reto más importante que tendrás que superar antes de iniciar la senda del líder: conocerte a ti mismo. Pero ese autoconocimiento no será suficiente si no te preocupas por cultivar tu autoestima, si no superas el miedo a fracasar, si no aprendes a gestionar tus emociones, si no te convences de la importancia de liderar con actitud y entusiasmo y si no decides reinventarte como líder y como persona.

La siguiente parada se llama autenticidad y te invita a que, como líder, seas auténtico y te muestres ante tu equipo con la naturalidad del que se siente bien consigo mismo. También destaca dos importantes relaciones: la que existe entre la confianza que el equipo deposita en ti y la responsabilidad que tienes sobre cada una de las personas que lo integran, y la relación que hay entre el respeto que muestras al equipo y la lealtad que obtienes a cambio. Para terminar, habla sobre lo importante que es para el liderazgo inspirar y ser un buen ejemplo.

El relato sigue hablando sobre la conexión del equipo y lo que significa para liderar y colaborar con intención. Conexión que será posible siempre que la confianza sea uno de los pilares sobre los que se construya la realidad colectiva. Siempre que la comunicación sirva para crear los lazos que mantienen unido al equipo en cualquier circunstancia. Y siempre que las emociones y la empatía le conduzcan por el camino del entendimiento y la comprensión.

La narración continúa con el talento que hará posible que el equipo funcione a su máximo potencial. Talento que tendrás que desplegar como líder y que te permitirá organizar al grupo con el propósito de conseguir los objetivos comunes, motivarlo para que trabaje con pasión y decisión, convencerle de la necesidad de afrontar los cambios con valentía y resolver los conflictos con habilidad.

Como toda senda tiene un final, la quinta y última parada habla sobre la importancia del legado que dejarás una vez termine tu aventura como líder. Legado que deberás tener muy presente durante todo el tiempo que ejerzas el liderazgo. Sencillamente porque cuando llegue el momento de la despedida y te mires al espejo, te sentirás tremendamente satisfecho si lo que muestra ese espejo es la sonrisa del que sabe que ha hecho un buen trabajo como líder.

Sentir el liderazgo termina con cuatro lecciones que servirán para aplicar en diferentes ámbitos, los principios sobre los que se sustenta el libro.

El deseo de ser un buen líder

Después de un largo período de tiempo en el que el acuerdo, la colaboración genuina y los objetivos comunes han sido las bases sobre las que se ha cimentado nuestra historia más reciente, sin apenas darnos cuenta, buena parte del mundo está virando hacia posiciones enfrentadas en las que la polarización y la intolerancia son predominantes. Se vuelve a ver al conflicto permanente como una herramienta que puede ayudar a conseguir determinadas metas. Y se olvida que el progreso real y el bienestar social han venido de la mano del acuerdo, el entendimiento y la cooperación en temas fundamentales.

La historia nos ha enseñado de manera persistente que cuando los cimientos sobre los que se construye la convivencia fomentan la disputa, la discordia y el desacuerdo constante, nada bueno acaba por pasar. Por esta razón, tenemos que volver a creer y a difundir los valores que nos unen y nos empujan con fuerza a compartir un destino común y, por supuesto, a desterrar las consignas y los prejuicios que nos conducen directamente al enfrentamiento. Y todo ello, sabiendo los enormes desafíos que tenemos por delante.

Y con este espíritu, te invito a que te sumerjas en un relato que he escrito con el cuidado del que quiere influir positivamente y con la intención del que quiere inspirar para que decidas convertirte en lo que creo que siempre has deseado ser: un buen líder.

Parte primera
DEL AUTOCONOCIMIENTO A LA REINVENCIÓN

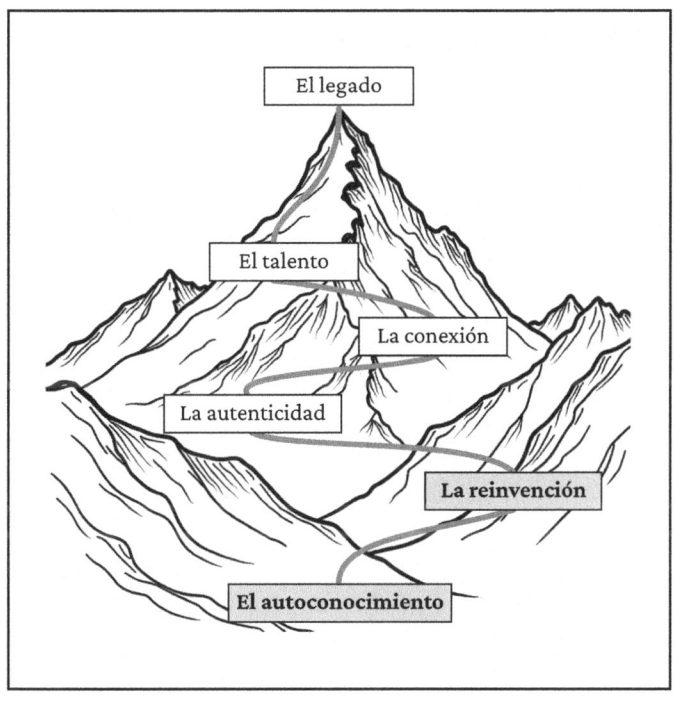

LECCIÓN 1
EL LÍDER ANTE EL ESPEJO

«Antes de conocer a los demás, deberás conocerte a ti mismo.»

La vida es un camino con muchas incertidumbres y pocas certezas. Un camino que por mucho que planifiquemos minuciosamente, siempre nos deparará sorpresas inesperadas. Un camino que para evitar que esté lleno de miedos y dudas, deberá estar guiado por un propósito vital que le dé sentido y orientación. Pero ¿es posible encontrar ese propósito vital sin tener un conocimiento en profundidad de uno mismo?, ¿es posible que florezca de lo más hondo de nuestro ser ese propósito vital sin saber quiénes somos realmente? Si una parte esencial de ese propósito está íntimamente relacionada con el ejercicio del liderazgo, ¿se puede llegar a ser un buen líder sin mirarse al espejo con la tranquilidad de saber quién es la persona que está enfrente?

Ya en la Antigua Grecia, en la entrada del Oráculo de Delfos, centro religioso más importante de la época, se invitaba a los visitantes a sumergirse en su interior y reflexionar sobre su propia esencia antes de realizar cualquier consulta a los dioses. «Conócete a ti mismo» era la frase que a modo de aviso exhortaba al visitante a mirar hacia sus adentros como paso previo a explorar el mundo en el que le había tocado vivir. Desde entonces han pasado muchos años. Sin duda, el mundo ha sufrido un impresionante proceso de transformación. Sin embargo, no podemos negar que una de las grandes cuestiones a las que se ha enfrentado el ser humano desde sus orígenes sigue estando plenamente vigente: ¿nos conocemos a nosotros mismos como punto de partida para vivir y compartir?

Esta pequeña reflexión nos introduce de lleno en una de las cuestiones más relevantes que tendrás que resolver si quieres convertirte en un líder auténtico: conocerte a ti mismo. Entonces, si te preguntara quién eres realmente o por qué te comportas como lo haces, ¿qué responderías? ¿Podrías conectar con tu «yo» más profundo para dar una respuesta convincente? ¿O recurrirías a las etiquetas que utilizaron los adultos para definirte cuando eras un niño?

Una parte esencial de nuestro «yo» se forma en la más tierna infancia. Durante esta etapa, el cerebro está abierto al aprendizaje de una forma que no se repetirá jamás[1]. Esta situación tiene enormes beneficios para el desarrollo cognitivo y cerebral del niño, pero tiene un inconveniente que puede definir su futuro de una forma decisiva: se lo cree todo.

Aunque no seamos conscientes, muchas de las cosas que hacemos o dejamos de hacer cuando llegamos a la edad adulta tienen su origen en los mensajes que recibimos cuando éramos pequeños. De tal forma que si alguien de nuestro entorno más próximo nos decía repetidamente que éramos de una determinada manera (tímidos, nerviosos, impacientes, etc.), o que no éramos buenos con los estudios, el deporte, la música o cualquier otra actividad, nos lo creíamos sin cuestionarlo. De ahí, el nacimiento de lo que hemos acabado denominando como «creencias limitantes», creencias que en gran medida condicionan lo que acabamos siendo en la vida.

A lo largo de mi vida, he tenido la oportunidad de conocer a gente extraordinaria. Gente con unas enormes virtudes, pero que no acaban de encontrar su sitio en el mundo. Saben que algo no funciona en su interior porque se sienten inseguros cuando toman decisiones, tienen dificultades para relacionarse con naturalidad o no se comunican con asertividad cuando tienen que expresar su opinión al trabajar en equipo. Tienen un problema consigo mismos, pero no se atreven a averiguar el origen del diálogo interno que los acompaña a todas partes.

No lo hacen porque ahondar en el conocimiento de uno mismo requiere valentía para sumergirse en nuestro «yo» más profundo, una guía para explorarlo con eficacia y un entrenamiento duradero para llegar al verdadero autoconocimiento. También porque la forma más sencilla de explicar quiénes somos es recurriendo a las etiquetas que escuchábamos cuando éramos pequeños: «este niño es inquieto, tímido, poco cariñoso, poco habilidoso, etc.». Etiquetas que, aunque no se utilizaran con la intención de hacer daño, se acabaron convirtiendo en las creencias que tanto nos limitan en la edad adulta. Además, no profundizan en el autoconocimiento porque la vida ajetreada que nos impone la sociedad dificulta enormemente encontrar el momento para parar, mirar hacia nuestro interior con serenidad y averiguar quiénes somos realmente.

Pero conocerse a uno mismo[2] es esencial para afrontar la vida con criterio y conciencia de lo que realmente queremos. Sencillamente, porque cuando uno se conoce a sí mismo, es plenamente consciente de cuáles son sus gustos, sus preferencias, sus pensamientos o sus emociones. Entiende por qué toma ciertas decisiones y qué miedos le paralizan ante determinadas situaciones. Comprende qué inseguridades le invaden cuando se relaciona con los demás o por qué calla sus opiniones cuando está en grupo. Sabe cuáles son sus fortalezas personales y, como resultado, puede potenciarlas. También qué valores dan sentido a su vida y qué propósito vital reside en los más profundo de su mente. Si bien el autoconocimiento no soluciona los problemas que crean las creencias limitantes que tanto restringen nuestro potencial, abre la puerta para que podamos enfrentarnos a ellas y modificarlas.

En cuanto al liderazgo, conocerse a uno mismo es el paso previo para liderar con convicción. Primero porque la autenticidad —el ser uno mismo—, la autoestima —el valorarse a uno mismo—, la resiliencia —el ser consistente ante la adversidad— y la ejemplaridad —el ser un buen ejemplo— se construyen desde el autoconocimiento. Y cuando uno es auténtico, se valora a sí mismo, es resiliente y es un buen ejemplo, puede liderar desde el entusiasmo y la confianza.

Segundo porque para ser una persona asertiva, utilizar la empatía como vehículo para conectar con el equipo y convertirte en un buen gestor de tus emociones y de las del grupo que lideras, tendrás que conectar con tu esencia como ser humano y con tus verdaderas motivaciones, y eso únicamente se puede lograr desde el conocimiento de uno mismo.

Profundizas en tu autoconocimiento cuando te interesas por saber quién eres realmente. También cuando te preocupas por averiguar si lo que haces en tu vida concuerda con lo que quieres lograr y, por supuesto, cuando descubres qué te interesa de verdad y te esfuerzas por conseguirlo.

Liderar es una aventura fantástica que merece la pena ser vivida. Es una apuesta por dar lo mejor de uno mismo como medio para mejorar a los demás. Es un trayecto lleno de sorpresas y emociones que únicamente podrás vivir con intensidad, si realmente te conoces a ti mismo.

Lección 1
«Para liderar con convicción y permitir que la autenticidad y la ejemplaridad guíen tu comportamiento, primero deberás conocerte a ti mismo. Por lo tanto, detente, mira a tu interior con el valor y la curiosidad del que tiene algo fascinante que descubrir y averigua quién eres realmente.»

LECCIÓN 2
EL VALOR DE LA AUTOESTIMA

«La autoestima es la llave que abre la puerta del liderazgo genuino.»

Si te soy sincero, siento una atracción especial por las personas que se muestran al mundo tal cual son y dicen lo que piensan sin miedo a ser cuestionadas. Personas que cuando se relacionan con los demás, muestran sus debilidades de manera natural y reconocen los errores sin temor a ser criticadas. Personas que cuando hablan de sus virtudes y fortalezas, lo hacen desde la autenticidad, la humildad y la sencillez. Sin lugar a duda, para mí, la gente más atrayente e influyente es la que se abre al mundo con la naturalidad del que se siente a gusto consigo mismo.

Desafortunadamente, hay mucha gente que piensa que abrirse al mundo sin tapujos tiene unos enormes riesgos, y para evitarlos se pasan la vida ocultando su verdadero «yo». Creen que comportarse con naturalidad, reconocer los defectos o exponer abiertamente lo que piensan o sienten les hace vulnerables y eso les condiciona de una manera extraordinaria.

Esta forma de enfrentarse a la vida, además de ser errónea, tiene dos consecuencias especialmente negativas para cualquier persona. La primera está relacionada con la idea que se acaban haciendo los demás sobre quiénes somos realmente. Si ocultamos una parte importante de nuestra esencia como seres humanos, si no decimos lo que pensamos cuando debatimos o nos comportamos condicionados por el qué dirán, lo normal es que únicamente conozcan la parte más superficial e insustancial de nuestra forma de ser. Si esta situación la mantenemos a lo largo del tiempo, lo que conseguiremos es hacerles creer que somos una persona que realmente no somos, y esto, sin duda, nos hará daño. El ser humano nace con la necesidad de mostrarse ante los demás tal cual es y cuando no lo hace, la semilla de la insatisfacción personal y la infelicidad está sembrada.

Si, además, tenemos en cuenta que los vínculos que caracterizan las relaciones sanas y duraderas se generan desde la integridad y la honestidad, lo peor que podemos hacer para liderar y trabajar en equipo es falsear nuestro verdadero «yo».

La segunda consecuencia tiene relación con el daño que hacemos a uno de los activos más valiosos que poseemos los humanos: nuestra propia estima. La autoestima es la opinión que tenemos de nosotros mismos como resultado de los rasgos genéticos que hemos heredado, de la educación que hemos recibido y de las experiencias que hemos vivido, de tal forma que si es elevada significa que nos valoramos positivamente y si es baja, la valoración es negativa.

Cuando la autoestima es baja, la vida se ve desde el lado negativo, los retos se ven como insuperables y las relaciones con los demás se interpretan como amenazas hacia la integridad personal. La baja autoestima dificulta enormemente el trabajo en equipo, ya que afecta directamente a la capacidad del líder para comunicarse con asertividad, para gestionar correctamente las emociones del equipo o para resolver los conflictos que se producen en su seno. Además, la baja autoestima nos obliga a falsear nuestro verdadero «yo» por miedo a mostrarnos tal cual somos ante el equipo.

En cambio, cuando uno se valora a sí mismo de manera positiva, ve la vida con más optimismo, se enfrenta a los desafíos con una determinación mayor y ve las relaciones con los demás como oportunidades para la mejora y el crecimiento. Para liderar, una buena autoestima te permitirá mostrarte ante el grupo que lideras tal cual eres, facilitará que conectes con su lado más humano y te ayudará a afrontar los problemas desde la confianza y la serenidad.

Por lo tanto, uno de los objetivos personales más importantes que tendrás que lograr para liderar desde la confianza y la convicción será potenciar tu autoestima, para lo cual deberás:

— Valorar tus virtudes. La autoestima está bajo presión permanentemente. Vivimos en una sociedad acostumbrada a resaltar los errores y a minusvalorar los aciertos. Nos pasamos el día corrigiendo a los demás por las cosas que hacen mal sin valorar las que hacen bien y esto acaba dañando su autoconfianza. No olvides que al resaltar tus virtudes y ponerte en valor, no buscas engrandecer tu ego, sino aprender a valorarte positivamente e incrementar tu autoestima.

— Dejar de relacionar tu valor como persona con lo que haces o los resultados que obtienes. Probablemente, te han enseñado a relacionar tu valía personal con las habilidades que posees o los objetivos que consigues, de tal forma que, si eres inteligente y obtienes buenos resultados vales, y si no, no vales. Hay una ley natural que cuestiona este planteamiento y que nunca podrás olvidar: tu valor es intrínseco, nace de lo que eres, no de lo que haces o consigues.

— Aceptar tus defectos y debilidades con naturalidad. Si te han convencido de que lo mejor para tu autoestima es esconder aquello que no te gusta de ti mismo, te han engañado. Los seres humanos somos un conjunto de virtudes y defectos y aceptarlo es lo mejor que podemos hacer para incrementar la estima personal. Te recuerdo que la imperfección nos humaniza. También que aceptar las debilidades nos hace fuertes interiormente y auténticos antes los ojos de los demás.

— Reconocer las pequeñas victorias. Nos pasamos el día expuestos a noticias negativas, hasta el punto de olvidar las cosas buenas que ofrece la vida. Valorar lo positivo y celebrar las victorias diarias por pequeñas que sean, no te hará un ingenuo que no quiere ver el lado amargo de la vida, sino que te ayudará a ver la vida a través del optimismo racional, te motivará a seguir avanzando y además incrementará tu autoestima.

El liderazgo necesita líderes que se valoren positivamente. Líderes que desde un amor propio sano y alejado del ego, se abran al equipo con valentía. Líderes que, en definitiva, se respeten a sí mismo como paso previo a respetar al colectivo.

Lección 2

«Liderar es una actividad que demanda carácter para influir sobre el equipo, fortaleza mental para aceptar la crítica y optimismo para superar las dificultades. Por eso, una buena autoestima es clave para que puedas ejercer un liderazgo basado en la confianza y en el respeto hacia ti mismo y hacia los demás.»

LECCIÓN 3
EL TEMOR AL FRACASO

«El que teme al fracaso permite que el miedo gobierne sus decisiones y sus acciones.»

El miedo es básico para vivir. De hecho, es el mecanismo natural que nos ha permitido superar la difícil prueba de la supervivencia y que tú y yo podamos compartir este momento de lectura. Se activa cuando detecta una amenaza para nuestra integridad y se desactiva cuando el riesgo desaparece[3]. El problema surge cuando sentimos miedo como respuesta a una amenaza inexistente pero que en la práctica tiene el mismo efecto psicológico que un peligro real.

Con el temor al fracaso ocurre exactamente lo mismo, ya que se origina al sobredimensionar el resultado negativo de una acción sin que ni siquiera se haya producido. Por ejemplo, cuando pensamos que no conseguir un objetivo tendrá unas consecuencias catastróficas para nuestro futuro profesional sin tener ningún tipo de evidencia al respecto. El temor a fracasar también se origina cuando relacionamos la valía personal, con la que todos nacemos, con el resultado de los proyectos que desarrollamos. Por ejemplo, cuando creemos que aprobar o suspender, ganar o perder define nuestro valor como seres humanos.

Ten en cuenta que vivimos en una sociedad dominada por los resultados. Desde pequeños nos enseñan que obtener buenas notas en el colegio es lo correcto y significa que somos inteligentes. También que los malos resultados no son buenos y significa que somos torpes. El mensaje que se comunica desde los diferentes ámbitos que forman parte de la sociedad (educativo, empresarial, deportivo, etc.) suele ser el mismo: los resultados positivos se celebran y son una muestra de inteligencia y los negativos se penalizan y son una señal de incompetencia.

Esta forma de entender la motivación tiene serias consecuencias sobre nuestra autoestima y alimenta el temor a fracasar o a cometer errores. Los seres humanos nacemos con una profunda necesidad de aprobación y cuando sentimos que esa aprobación está en riesgo por un posible mal resultado, el miedo se activa con intensidad, paralizando la iniciativa y activando la desmotivación.

El otro gran problema asociado con esta manera de entender la motivación humana está íntimamente relacionado con el vínculo que se suele establecer entre logro y valor personal. De tal forma que, si alguien no es bueno desempeñando una tarea, en vez de decirle que, aunque no se le dé bien, si se esfuerza podrá aprender y mejorar su habilidad, se le dice que es torpe y que no merece la pena que lo siga intentando. En el primer caso se pone la atención sobre la habilidad y se le anima a seguir mejorando, mientras que en el segundo sobre «la persona» y se le desanima a que se siga esforzando. Ante este planteamiento, conozco a pocas personas que se atrevan a correr riesgos significativos cuando el fracaso se ve como algo que hay que evitar a toda costa y que además tiene una relación directa con su valía personal[4].

El aprendizaje se basa en la adquisición de nuevas habilidades y el perfeccionamiento de las que ya se tienen, y para lograr que sea un éxito es esencial evitar relacionarlo con el valor de la persona, es clave centrar la atención en el proceso y es fundamental entender que el resultado es una consecuencia, no el motor del aprendizaje. Aunque pueda parecer contradictorio, esta es la fórmula más eficaz para conseguir grandes resultados a lo largo del tiempo[5], mientras la experiencia resulta enriquecedora.

Al hablar de liderazgo, este tipo de miedo limitará tu desarrollo y crecimiento como líder si no eres plenamente consciente de su existencia. Si decides no actuar con determinación, el temor al fracaso acabará con tu confianza, te hará sentir inseguro y te alejará de la complicidad que tanto necesitas para conectar con tu equipo. Además, te impedirá confiar en el grupo que lideras y como medida de autoprotección, te forzará a querer controlarlo todo, sentando las bases de uno de los problemas más relevantes del liderazgo: la microgestión[6]. En definitiva, te empequeñecerá como persona y te condicionará negativamente como líder.

Para superar el miedo a fracasar y dejarte llevar por la confianza, la iniciativa y las ganas de hacer, deberás entender primero e interiorizar después que el error es un mecanismo esencial para el aprendizaje y que errar hoy significa acertar mañana. También que aceptar el fracaso con naturalidad te permitirá ver la vida como un conjunto de aciertos y equivocaciones que te ayudarán a madurar y conseguir los objetivos que tanto deseas. Asimismo, deberás asimilar que fracasar fortalecerá tu carácter siempre que estés dispuesto a superar los momentos de decepción como punto de partida para seguir aprendiendo y mejorando. También que el fracaso y el error son una parte esencial del camino que conduce hacia el futuro que quieres construir.

En ningún caso la tolerancia hacia el error o el fracaso puede significar que la mediocridad es la medida que te sirve como referencia. Tampoco que dé lo mismo fracasar que tener éxito. Lo que significa es que llegar a la excelencia requiere de un aprendizaje continuo en el que las equivocaciones son una parte fundamental.

No olvides que superar el miedo a fracasar y a cometer errores:

— Te permitirá disfrutar del increíble reto que significa liderar personas con valentía y pasión.
— Te ayudará a combinar el atrevimiento necesario para avanzar con determinación, con la prudencia imprescindible para no caer mientras avanzas.
— Facilitará que puedas ver la vida a través de los ojos del optimismo racional y luches por los objetivos colectivos con valentía y determinación.
— Te ayudará a fortalecer tu carácter como medida para invertir todas tus energías en potenciar al equipo para que pueda crecer en los tiempos de calma y superar las dificultades en los momentos de tempestad.

Cuando vences el temor a fracasar, abres la puerta a un futuro lleno de oportunidades. Un futuro que, aunque no puedas predecir, sí podrás construir con la inestimable ayuda de tu equipo. Un futuro que si te lo propones, podrás liderar con valor y entusiasmo.

Lección 3

«Para vencer el temor al fracaso que tanto condiciona las decisiones que tomas y cómo te comportas cuando lideras, tendrás que aceptarlo y averiguar las causas que lo provocan, deberás exponerte a él para demostrarte que puedes superarlo y estarás obligado a confiar en tu equipo para quedar claro que, en ningún caso, ese miedo definirá tu liderazgo. Únicamente así podrás liderar desde la valentía y la iniciativa.»

LECCIÓN 4
GESTIONA TUS EMOCIONES

> «Quien no se lidera a sí mismo, no está capacitado para liderar a los demás.»

Durante mucho tiempo se creyó que los humanos éramos seres racionales que únicamente respondíamos a estímulos externos como la amenaza a un castigo o la promesa de una recompensa. Sin saberlo, el mundo emocional ha estado oculto en una fortaleza de la que poco a poco vamos derribando los muros. Esto ha traído serias consecuencias, ya que, durante demasiado tiempo, hemos vivido ajenos a una de nuestras esencias como seres humanos: las emociones.

Afortunadamente, hemos acabado entendiendo que el aspecto emocional tiene una enorme influencia sobre la motivación, el comportamiento y el estado de ánimo de cualquier persona. Este hecho ha provocado que el interés por comprender el papel que juegan las emociones en nuestra vida y en la relación que mantenemos con los demás, sea cada día mayor. Sin duda y a pesar del largo camino que queda por recorrer, hemos iniciado un viaje que nos ayudará a conocernos y comprendernos mejor.

Entender qué papel juegan las emociones cuando tomas decisiones, cómo afectan a tu estado de ánimo cuando el estrés hace acto de presencia o qué influencia tienen sobre la relación que mantienes con el equipo, es clave para tu desarrollo como líder. Sencillamente porque en numerosas ocasiones el aspecto emocional determina cómo te sientes y cómo te comportas sin que apenas seas consciente.

La responsabilidad y la presión tan íntimamente relacionadas con el ejercicio del liderazgo son fuentes potenciales de estrés. Cuando nos sentimos estresados resulta más difícil mantener la cordura que demandan las situaciones complicadas. Podríamos decir que precisamente, cuando más necesitamos que la templanza y la racionalidad guíen nuestras decisiones, es cuando más se activan las áreas cerebrales relacionadas con las respuestas automáticas e irracionales[7].

Daniel Goleman nos habla de secuestro amigdalar cuando entramos en un estado en el que la amígdala[8] toma el control de nuestra voluntad y las respuestas más viscerales se convierten en la norma. Cuando esto ocurre, es muy probable que el trato que demos al equipo se base en el enfado, la falta de respeto y la agresividad comunicativa. Pensemos en la cantidad de situaciones estresantes que se producen cuando trabajamos en equipo en el ámbito laboral, educativo, deportivo o familiar, y nos daremos cuenta de lo sencillo que puede ser recurrir a este tipo de comportamientos como consecuencia de unas normas excesivamente rígidas, unos objetivos demasiado exigentes y una presión desmedida por conseguirlos.

Si permites que el estrés tome el control de tu comportamiento y dejas que las malas formas guíen la relación que mantienes con el grupo que lideras, romperás el vínculo de respeto y consideración que caracteriza a los equipos verdaderamente unidos y comprometidos. Por este motivo, la gestión de tus emociones y el autocontrol sobre cómo te comportas son esenciales para ejercer un liderazgo que se base en la empatía y la autenticidad. Un liderazgo que busque la sensatez y el equilibrio emocional en los momentos de dificultad. Un liderazgo que, en definitiva, se centre en resolver los problemas del colectivo en vez de en hacerlos más grandes.

Para convertirte en un buen gestor emocional y sentar las bases de un liderazgo basado en el gobierno de ti mismo tendrás que adquirir un firme compromiso y realizar las acciones que lo hagan posible, para lo cual deberás:

— Comprometerte con el ejercicio del autocontrol. Las respuestas viscerales ante determinadas situaciones son automáticas, inmediatas y no requieren esfuerzo. En cambio, las respuestas reflexivas demandan atención consciente y un esfuerzo que active las áreas cerebrales encargadas de la reflexión y el pensamiento avanzado[9]. Por esta razón, adquirir un fuerte compromiso con la gestión emocional y el control de ti mismo es esencial para hacer que la inteligencia emocional sea tu seña de identidad.

— Evitar las respuestas impulsivas cuando se produce una situación comprometida. Contar hasta cinco o diez antes de dejarte atrapar por el enfado y responder con sensatez cuando lo más sencillo es dejarse llevar por la ira, te preparará para gestionar tus emociones desde la racionalidad y el autocontrol, además de fortalecer el vínculo que has creado con tu equipo.

— Describir la emoción que sientes. Al describir lo que sientes y ponerle nombre, lo identificas y te resulta más fácil decidir cómo actuar para gestionarlo adecuadamente. Este paso es clave para averiguar qué nos pasa y responder con la estrategia más adecuada.

— Aceptar lo que sientes. Hay un principio psicológico básico para la gestión emocional que tendrás que aplicar con determinación: cuando te resistes a la emoción, permanece de forma indefinida, de tal forma que, si sientes miedo o tristeza y te resistes con fuerza, te acaban atrapando. En cambio, cuando aceptas la emoción con naturalidad y eres paciente, se acaba diluyendo.

— Utilizar las técnicas de relajación que te permitan gestionar el aspecto emocional de la forma más eficaz posible e incrementar el autocontrol (respiración, visualización, etc.).

— Abrir la mente a la reflexión, a la empatía y a lo que significa ser responsable del conjunto de personas que lideras.

Los beneficios que obtendrás de una gestión emocional intencional y proactiva son enormemente gratificantes y duraderos. Primero porque sentirás que puedes controlar los impulsos más viscerales y esto mejorará tu autoestima y sensación de autocontrol. Segundo porque sentirás que eres capaz de solucionar los problemas desde la racionalidad y la objetividad, hecho que aumentará tu autoconfianza. Tercero porque mejorarás tu capacidad para relacionarte con el equipo y conectar con su lado más humano y genuino. Cuarto porque potenciarás tu liderazgo y tu habilidad para dirigir equipos en cualquier circunstancia.

Te recuerdo que el verdadero liderazgo no nace de controlar al equipo mediante el enfado, la mala educación o el castigo, sino de gobernarse a uno mismo como paso necesario para liderar desde la inteligencia emocional, la sabiduría y la templanza.

Lección 4

«Gestionar las emociones es básico para liderar, es una competencia que tendrás que desarrollar y una responsabilidad que deberás asumir si realmente quieres convertirte en el líder que tu equipo necesita. Es la herramienta que te permitirá afrontar los momentos de dificultad con la seguridad del que se lidera a sí mismo.»

LECCIÓN 5
ACTITUD Y ENTUSIASMO

> «La actitud y el entusiasmo que muestra un líder cuando se relaciona con su equipo son las señales que definen su nivel de implicación y compromiso.»

Tener una buena actitud ante la vida es una muestra de fortaleza y carácter. Es una forma de entender que la queja y el lamento permanentes ni son buenos consejeros ni ayudan a afrontar los contratiempos con determinación y confianza. Si te soy sincero, todavía no he conocido a nadie que a lo largo de su vida no haya tenido problemas que resolver y dificultades que superar. Como siempre, la gran diferencia entre los que deciden arrojar la toalla antes de empezar el partido y los que luchan hasta el final se encuentra en la mentalidad y en la resolución con la que actúan. Mientras los primeros se dan por vencidos ante cualquier eventualidad, los segundos se siente ganadores y van a por todas a pesar de los momentos de debilidad.

Una de las reglas más relevantes de este juego llamado vida es la que nos dice que «afrontar la adversidad con buen talante es tan importante como perseguir los sueños con tenacidad y persistencia, ya que ambas son cara de la misma moneda». Sin embargo, hay personas que prefieren dejarse llevar por el pesimismo generalizado, por la crítica permanente o por la queja injustificada. Piensan que la mejor forma de afrontar la vida es pensando que toda va a salir mal, que la gente no es de fiar y que no merece la pena darle una oportunidad al optimismo. Dicen con insistencia que en un mundo lleno de incertidumbres y malos augurios ¿para qué esforzarse en ver el lado positivo de las cosas?

Por fortuna, otro grupo de personas piensan que a pesar de las dificultades y de la incertidumbre, la mejor manera de afrontar el reto que significa vivir es mediante una buena actitud y un entusiasmo que motive e inspire. Creen firmemente que la queja y el lamento sin sentido solo pueden empeorar las cosas y esto les conduce con fuerza hacia la positividad bien entendida. Están convencidos de que, al abrir la puerta a la ilusión y a las ganas de afrontar los desafíos con pasión, se le da la bienvenida al deseo de vivir una vida estimulante llena de objetivos con significado.

En ningún caso son unos ingenuos que creen que todo va a salir bien y que los problemas siempre tienen una solución favorable. Más bien son personas que, siendo plenamente conscientes de las dificultades relacionadas con el vivir, prefieren mirar al futuro a través de los ojos del optimismo racional y la pasión por seguir aprendiendo y compartiendo. Primero como medio para vivir una vida con sentido y propósito. Segundo como base para influir positivamente sobre los demás, ayudarles a afrontar sus vidas con valentía y hacer de este mundo un lugar un poco mejor.

Pero la buena actitud y el entusiasmo no son únicamente una manera de afrontar la adversidad. En realidad, son una parte fundamental de una filosofía de vida que trata de conseguir los objetivos a través del deseo de hacer bien las cosas y de hacerlas con ilusión.

Respecto al liderazgo, la buena actitud y el entusiasmo del líder buscan cuatro objetivos principales. El primero es transmitir al equipo la importancia de trabajar con interés y ganas de aprender. El segundo es convencerle de que el crecimiento y la mejora real necesitan esfuerzo y dedicación permanente. El tercero es hacerle entender que trabajar juntos con determinación e ilusión es esencial para lograr las metas comunes. El cuarto es comunicar que colaborar con la intención de hacer mejor a los compañeros es la base del trabajo en equipo.

Aun así, debes entender que trabajar en conjunto es complicado y que lo normal es encontrar a gente con intereses y opiniones diferentes. Tienes que comprender que colaborar es difícil y que en muchas ocasiones no se conseguirán los objetivos que se persiguen. Debes saber que los conflictos surgirán aunque hagas todo lo posible por que haya un buen ambiente en el seno del colectivo. Y debes tener claro que estas circunstancias te empujarán con fuerza a distanciarte del grupo que lideras y a tratarlo con indiferencia o desprecio. A pensar que nadie merece la pena y que, por tanto, lo único que funciona realmente para que el grupo se implique y trabaje con decisión es el miedo al castigo. A creer que tener una actitud positiva y actuar con pasión es de ingenuos que buscan sueños inalcanzables.

Y este es uno de los mayores retos que tendrás que superar antes de liderar con entusiasmo: dejar de creer que la gente no merece la pena, para empezar a pensar que lo que realmente merece la pena es la gente con la que compartes los proyectos más importantes de tu vida.

A lo largo de mi vida he tenido la suerte de liderar a equipos de diferentes ámbitos y edades. A personas que tenían orígenes y objetivos distintos, y a pesar de estas diferencias, la conclusión a la que he llegado siempre ha sido la misma: cuando estás dispuesto a superar los prejuicios que tanto daño hacen a la relación entre seres humanos y decides liderar desde la ilusión, sientas las bases para que «casi»[10] todo el mundo empuje con fuerza en la misma dirección y sienta que el colectivo está por encima de los individuos y de sus intereses particulares.

Como líder, entusiasmar significa conectar genuinamente con el equipo para transmitirle la importancia de creer en sus propias posibilidades y en el valor del esfuerzo y la dedicación conjunta. Entusiasmar significa creer que puedes influir positivamente para mantener la moral del equipo alta cuando las cosas se ponen difíciles. Entusiasmar significa pensar que puedes transmitir tu fortaleza interior mediante una actitud decidida y una comunicación pasional. Entusiasmar significa enseñar mediante el ejemplo que, en un mundo difícil, complicado y en ocasiones pesimista, tener una actitud positiva ante la vida es mucho mejor que dejarse llevar por el derrotismo y los malos augurios.

No me cabe la menor duda de que si estás dispuesto a correr el riesgo y tienes la determinación para superar los prejuicios que tanto te distancian del equipo, liderar se convertirá en un viaje apasionante. Por supuesto, siempre que seas capaz de mirar a los ojos de las personas que integran el grupo humano que lideras y les transmitas con ganas e ilusión que juntos llegaréis muy lejos.

Lección 5

«La actitud y el entusiasmo con los que te comportes definirán en gran medida tu compromiso con el liderazgo genuino. La actitud es importante para demostrar al grupo que lideras tu nivel de implicación, mientras que el entusiasmo sirve para dejar claro que la ilusión y las ganas con las que se hacen las cosas son esenciales para trabajar en equipo.»

LECCIÓN 6
LA REINVENCIÓN DEL LÍDER

«La reinvención es la base sobre la que se construyen los líderes que acaban siendo auténticos.»

Las ganas de liderar, de colaborar y de conectar a nivel emocional con los demás nacen en lo más profundo de cada persona. Es un anhelo que, aunque se siente con intensidad, no se puede describir con facilidad. Es como el deseo que empuja con fuerza al maestro artesano a buscar con pasión la excelencia de sus trabajos sin ser plenamente consciente del porqué.

Por desgracia, hay personas que, aunque sientan ese profundo deseo, evitan el ejercicio del liderazgo por miedo a no estar a la altura. Sencillamente dudan de sí mismos y de su capacidad para hacerlo bien. No entienden que, aunque hay individuos que nacen con un talento mayor para liderar que otros, no significa que los que tienen una menor capacidad innata no puedan llegar a ser grandes líderes si tienen la voluntad, la actitud y la formación que lo hagan posible.

Durante mi vida he conocido a mucha gente así, gente que a pesar de tener un gran potencial para relacionarse con los demás y para inspirar mediante el ejemplo, decidieron no liderar porque había algo en su interior que les decía que no estaban capacitados. Les habían dicho tantas veces que no valían lo suficiente que se lo habían acabado creyendo. Aseguraban sin mucho convencimiento que «no querían complicarse la vida», aunque se la estuvieran complicando de verdad, ya que no hay mayor complicación posible que dejar de hacer por temor, lo que a uno le apasiona realmente.

Sé lo difícil que es sentirse así, pues yo también he sentido miedo y he dudado de mí mismo en numerosas ocasiones. Pero estamos necesitados de líderes que, aunque sientan el vértigo asociado a las actividades que generan fuertes emociones, nos guíen por el camino de la virtud y la ejemplaridad. Ahora más que nunca.

Si eres de los que dudan de sí mismos cuando se relacionan con otras personas o quieres mejorar tus competencias como líder, deja que te cuente una historia sobre nuestra esencia humana, el poder de las creencias y la increíble capacidad de aprendizaje que atesoramos. Si me lo permites, la utilizaré para intentar convencerte del potencial que tienes como líder y como ser humano. Por supuesto, siempre que estés dispuesto a reinventarte y a darle una oportunidad al deseo de liderar desde la autenticidad, la convicción y la ejemplaridad. Lee con atención.

Las creencias juegan un papel muy importante para dar sentido y significado al mundo en el que vivimos. Muchas influyen en nuestra conducta sin que seamos conscientes[11]. Si hablamos de liderazgo, hay mucha gente que piensa que, para ser un buen líder e influir sobre el equipo, hay que nacer con una serie de cualidades que de otra forma no pueden ser adquiridas. Podríamos afirmar que, para esta gente, los procesos de aprendizaje no influyen sobre la personalidad y el comportamiento humano y que, por tanto, los grandes líderes nacen.

Aunque pueda parecer una creencia sin importancia, en realidad es una de las barreras más importantes que encontrarás para empezar a liderar o mejorar tus competencias como líder, ya que te hará dudar de tu verdadero potencial. Además, si en la infancia y en la adolescencia fuiste tímido y no destacaste por ser especialmente influyente o sociable, es posible que hayas desarrollado una creencia que te recuerda repetidamente que lo de liderar no va contigo, a pesar de que sea uno de tus grandes deseos.

Pero el cerebro humano está diseñado para experimentar, aprender, cambiar y adaptarse a lo largo de toda la vida, y esta circunstancia abre la puerta a una nueva realidad. Una realidad en la que el aprendizaje consciente, el perfeccionamiento guiado, la ilusión, las ganas de hacer y el esfuerzo juegan un papel clave para que puedas convertirte en un buen líder. A esta capacidad adaptativa la llamamos neuroplasticidad y acaba con muchos de los paradigmas que han limitado el importante papel que juega el aprendizaje en el desarrollo del ser humano y en su capacidad para liderar desde la ilusión y el convencimiento.

No obstante, debes ser consciente de que, si realmente quieres desarrollar o perfeccionar tus habilidades como líder y conseguir un cambio duradero en tu forma de dirigir equipos, la plasticidad cerebral es una condición imprescindible, aunque no suficiente. En este caso, necesitas un objetivo que te empuje con fuerza hacia la reinvención personal, un fuerte compromiso con el mismo, la voluntad para realizar las acciones que hagan posible que te conviertas en el líder que deseas y persistir hasta que interiorices el cambio en tu cerebro. Deja que te lo explique:

Cuando quieres conseguir algo importante en la vida y tienes que modificar tus hábitos y rutinas, la mejor forma de minimizar la resistencia que el cerebro va a ejercer cuando inicies el camino hacia esa meta es haciendo atractivo aquello que quieres lograr. En este caso, el objetivo del cambio personal es claro: «llegar a ser un gran líder» y si es importante para ti, funcionará como un poderoso estímulo que activará el motor de tu reinvención. No obstante, no puedes caer en la trampa de creer que, porque un reto resulte atractivo, será fácil lograrlo. En este punto, es importante entender que las grandes transformaciones requieren enormes sacrificios.

Una vez tienes claro cuál es el objetivo de la reinvención, debes comprometerte con hacer lo que sea necesario para alcanzarlo. Este compromiso es fundamental, puesto que, durante el trayecto hacia el liderazgo genuino, vivirás momentos de indecisión que te harán dudar de ti mismo y te alejarán de tu meta.

Planificar las acciones que vas a realizar y actuar con determinación llegado el momento son los siguientes pasos que hay que dar para alcanzar el objetivo. En este caso, es esencial que concentres todas tus energías en derrotar la resistencia al cambio y en consolidar las pequeñas mejoras que vayas obteniendo. La reinvención es un proceso gradual que se va fortaleciendo según se consolida el aprendizaje y se practican los nuevos hábitos una y otra vez, por eso practicar las nuevas competencias mientras lideras y perseverar a lo largo del tiempo para consolidarlas es fundamental[12].

Por último, interiorizar la reinvención en lo más profundo de tu mente culminará el desafío. Cuando un comportamiento se convierte en hábito, el cerebro deja de mostrar resistencias y aquello que se veía como un reto inalcanzable, se convierte en una rutina más. Cuando esto suceda, liderar desde la confianza en ti mismo, comunicarte con asertividad o empatizar con el grupo que lideras, dejarán de ser un sueño imposible para convertirse en tu seña de identidad.

El líder nace, pero también se hace. La resistencia al cambio existe, también la forma de superarla. Reinventarse es difícil, pero es posible. Entonces, si estás convencido de que quieres lograrlo y tienes la determinación para hacerlo, únicamente tienes que actuar con decisión. En ti está el convertirte en un líder auténtico. ¿Estás preparado para reinventarte?

Lección 6

«Para comenzar tu aventura como líder o perfeccionar las competencias que has adquirido ejerciendo el liderazgo tendrás que iniciar el camino de tu reinvención con dos objetivos claros: vencer los miedos que te atenazan cuando te relacionas con el equipo y superar las barreras que te impiden desplegar tu potencial como líder. En ti y únicamente en ti está la decisión.»

PARTE SEGUNDA
LA AUTENTICIDAD

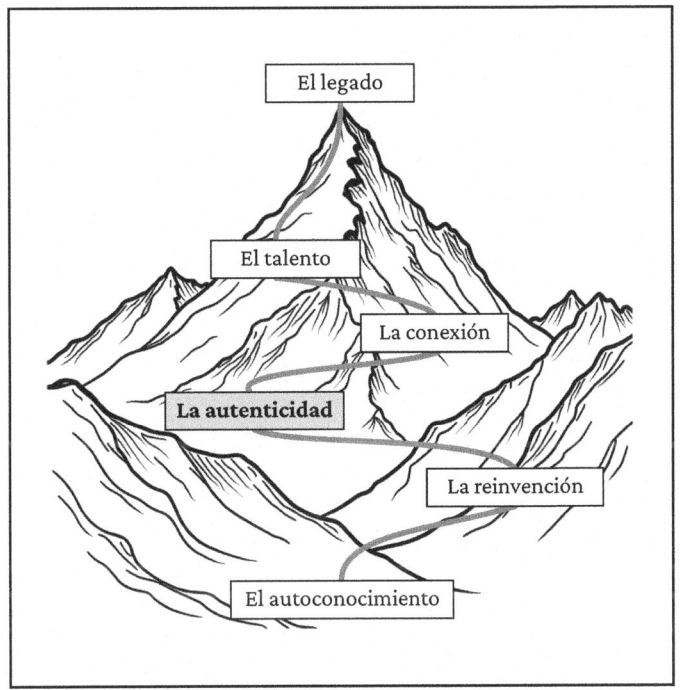

LECCIÓN 7
LA AUTENTICIDAD DE UN BUEN LÍDER

«La autenticidad es un rasgo que únicamente poseen los líderes que realmente confían en sí mismos.»

¿Qué pensarías si te dijera que la autenticidad reside en lo más profundo de tu mente y de tu corazón? De tu mente porque ser auténtico es una forma de ser y de estar que se origina en el interior de esa fascinante máquina biológica llamada cerebro. De tu corazón porque este increíble órgano representa los sentimientos más genuinamente humanos relacionados con la autenticidad y la pasión por liderar.

¿Qué responderías si además te contara que uno de los retos más significativos que tienes como líder es mostrarte ante tu equipo tal cual eres? El cerebro social del ser humano está diseñado para detectar quién es auténtico y quién no. De modo que, cuando notamos que alguien no se comporta con naturalidad, despierta un recelo que nos conduce directamente a la sospecha. Sabemos que oculta algo muy importante respecto a sí mismo y el no saber qué es nos pone en situación de alerta. En estos casos es común que, como medida de autodefensa, pensemos que lo que oculta es algo negativo.

Además, como cualquier ser humano, naciste siendo auténtico y con unas ganas enormes de mostrar al mundo la espontaneidad y la esencia personal que te caracteriza, hecho que te obliga a buscar en tu interior la autenticidad que deberás mostrar hacia el exterior cuando lideres y trabajes en equipo.

No obstante, los años de condicionamiento social tienen el potencial de ocultar los rasgos personales más genuinos hasta hacerlos desaparecer en muchas situaciones. El condicionamiento del que hablo es muy variado y se inicia en la niñez. Por ejemplo, cuando se impide expresar a los niños lo que piensan para evitar que los padres se sientan avergonzados, cuando se les prohíbe comportarse con naturalidad para seguir unas normas sociales excesivamente rígidas, o cuando se les manda callar porque en el mundo de los adultos los niños están más guapos callados.

La infancia es una etapa especial para la consolidación de la autenticidad, ya que los más pequeños tienden a mostrarse al mundo sin tapujos. También es una etapa importante para empezar a entender la normativa social y la existencia de límites. Sin embargo, ser excesivamente estrictos y coartar permanentemente la naturalidad con la que se expresan puede ser perjudicial para el desarrollo de su personalidad y su autenticidad futura.

Otro condicionamiento social es el que nos hace creer que la mejor forma de evitar que nos hagan daño es poniéndonos una coraza para aparentar ser quienes no somos y de esta forma protegernos contra los peligros relacionados con la interacción social y el liderazgo. Entonces, nos advertirán que liderar con sentido del humor llevará inevitablemente a la pérdida de autoridad y correremos el riesgo de perder una parte importante de nuestra espontaneidad. Nos asegurarán que liderar con humildad conducirá irremediablemente a que nos pierdan el respeto y correremos el riesgo de volvernos arrogantes. Nos alertarán de que liderar con cercanía es la receta del fracaso y nos arriesgaremos a distanciarnos del equipo hasta acabar con la conexión mental que nos une a él.

El problema de este tipo de condicionamientos es que por muy asentados que estén a nivel social, nos alejan de nosotros mismos y del grupo que lideramos, y cuando esto ocurre, la desconfianza y la duda pasan a formar parte de la dinámica colectiva, con todo lo que implica.

Por el contrario, los beneficios asociados con la autenticidad, la naturalidad y la franqueza son extraordinarios y si estás dispuesto a actuar en consecuencia, te permitirán:

— Abrir la puerta para que tu equipo se comporte de manera auténtica. Cuando eres natural y te muestras ante el equipo tal cual eres, les invitas a que hagan lo mismo, sentando las bases de la autenticidad colectiva.

— Conectar con tu equipo a nivel emocional. Cuando eres transparente y demuestras que no ocultas tu esencia personal, conectas a nivel mental y emocional con cada una de las personas que forman parte del conjunto que lideras.

— Construir las relaciones desde la confianza. Cuando te comportas con la espontaneidad del que nada teme por ser él mismo, fomentas la confianza en dos de sus dimensiones más importantes: del equipo hacia ti y del equipo en sí mismo.

— Fomentar la complicidad. Cuando eres quien eres y te comportas como tal, generas un ambiente de trabajo en el que la complicidad y el espíritu de equipo pasan a formar parte de la realidad colectiva.

No olvides que serás auténtico desde el momento en el que te empieces a comportar con la naturalidad del que está en paz consigo mismo. También cuando muestres tus debilidades con la tranquilidad de la persona que confía en sí misma. De igual forma, serás auténtico una vez reconozcas las virtudes de los demás con la tranquilidad del que no se siente amenazado por que otros sean mejores. También cuando hables de tus fortalezas desde la humildad del ser humano que no tiene nada que demostrar ante los demás porque cree en sí mismo. En definitiva, serás auténtico cuando te muestres al mundo tal cual eres, sin miedos, sin complejos y sin excusas.

La autenticidad fortalece el carácter del líder y la conexión de los grupos verdaderamente comprometidos. De ti y únicamente de ti depende ser valiente y conducir a tu equipo por la senda del liderazgo genuino.

Lección 7

«Para conectar con el equipo y forjar el vínculo que caracteriza a las relaciones que se basan en la confianza y en la complicidad deberás ser auténtico. De esta forma te mostrarás al mundo como una persona en la que se puede confiar porque crees en ti mismo y no tienes nada que ocultar.»

LECCIÓN 8
RESPONSABILIDAD Y COMPROMISO

«El día que decidas compartir el éxito y asumir la responsabilidad del fracaso, te convertirás en el líder que tanto necesita tu equipo.»

Muchas veces olvidamos la íntima relación que existe entre la responsabilidad que el líder tiene sobre el equipo y la confianza que el equipo deposita sobre el líder. Pensamos que ser responsable de un grupo es algo puramente formal que no tiene ningún tipo de implicación adicional. En este caso, con cumplir con las normas, los estatutos o los códigos de conducta que especifican qué significa «ser responsable» es más que suficiente.

No caemos en la cuenta de que cuando hablamos de liderazgo, la responsabilidad va más allá del cumplimiento puramente legal y se adentra en un territorio en el que los sentimientos y los vínculos afectivos juegan un papel muy importante. ¿Por qué? Porque uno de los activos más importantes que cualquier grupo pone a disposición del líder es su «confianza», y esto, queramos o no, tiene serias implicaciones sobre lo que realmente significa «la responsabilidad» del liderazgo.

Reflexionemos por un momento sobre los vínculos que se establecen a nivel familiar y entenderemos la enorme responsabilidad que tienen los padres sobre los hijos, responsabilidad que, entre otras cosas, se fundamenta en la confianza que los niños depositan en ellos. Un padre y una madre responsables saben que esa confianza no pueden traicionarla a pesar de las discusiones, los disgustos o los desacuerdos. Y lo saben porque, en el fondo, hay compromisos que, a pesar de no estar escrito en ningún manual, no pueden ser quebrantados por el daño que pueden causar. Por este motivo, guardan los secretos más íntimos de sus hijos como si fueran tesoros de valor incalculable.

Aunque el vínculo no es tan profundo como en la familia, algo parecido ocurre en los diferentes ámbitos de la sociedad. De la empresa al deporte pasando por la educación, una infinidad de equipos confían plenamente en sus líderes como muestra de compromiso y lealtad, y aunque con cierta frecuencia se pase por alto, esta situación demanda reciprocidad.

Por lo tanto, si quieres ejercer un liderazgo comprometido, debes tener muy en cuenta que la responsabilidad que tienes sobre el grupo humano que lideras no la puedes eludir, ya que te conecta, para bien o para mal, con el devenir colectivo y con lo que representas para el equipo.

Sin embargo, hay muchos líderes que cuando se cometen errores, cuando no se consiguen los objetivos o cuando surge algún conflicto, lo primero que hacen es culpar al equipo de todo lo que sale mal. No asumen que el papel que juegan dentro del conjunto les hace responsables y que esa responsabilidad tiene consecuencias. Pretenden liderar para responsabilizarse del éxito, pero no para asumir el fracaso.

Otros líderes utilizan la confianza que el grupo ha depositado en ellos para aprovecharse a nivel personal. Piensan que el trabajo en equipo es solo un medio para conseguir sus propios fines y si en algún momento tienen que engañar o traicionar al grupo que lideran, lo hacen sin el menor remordimiento.

Pero cuando la confianza del colectivo en el líder se desvanece, el trabajo en equipo se complica de manera extraordinaria. En primer lugar, porque cuando alguien en el que confiamos utiliza el engaño para sacar una ventaja a título personal o hace recaer la culpa sobre los demás para evitar su propia responsabilidad, nos sentimos traicionados. Y como seres humanos, estamos preparados para colaborar cuando confiamos, pero «no» cuando la desconfianza es plena. En segundo lugar, porque como resultado de la desconfianza, la desconexión será total y las únicas herramientas que harán posible la colaboración serán la imposición y el miedo al castigo, ingredientes básicos de un ambiente en el que la motivación positiva desaparecerá por completo.

Entonces, si quieres ejercer un liderazgo responsable mientras lideras desde la valentía del que no teme las consecuencias de sus acciones porque las realiza desde la integridad, estarás obligado a:

— Asumir la responsabilidad que te corresponde como líder en cualquier circunstancia.
— Compartir el éxito con el conjunto y responsabilizarte del fracaso como individuo.
— Defender al equipo ante terceros cuando las cosas se pongan feas y las críticas arrecien con intensidad.
— Actuar con determinación para resolver los conflictos que ineludiblemente surgirán durante el camino que os llevará al destino deseado.
— Actuar con firmeza si algún integrante del equipo hace daño de forma intencional a un compañero o al conjunto en su totalidad.

Es importante que entiendas que al asumir la responsabilidad que tienes como líder y valorar la confianza que el equipo deposita en ti, estás actuando sobre los principios que sustentan el liderazgo verdadero. También que al hacerlo desde la convicción y la determinación:

— Te conviertes en una persona creíble y digna de confianza.
— Construyes la complicidad del equipo sobre los lazos basados en la confianza.
— Fortaleces las conductas positivas que buscan el bien común y acabas con los comportamientos negativos y egoístas.
— Creas un ambiente de trabajo basado en el principio de responsabilidad, en el que todos sois responsables de que el equipo funcione adecuadamente y se respeten las reglas del juego.

Cuando demuestras al equipo que eres una persona que asume sus responsabilidades sin miedo a las consecuencias que se puedan derivar o a los resultados que se puedan alcanzar, obtienes una de las mayores recompensas que cualquier líder puede conseguir: su compromiso genuino.

Lección 8

«La confianza que el equipo deposita en ti es un bien de incalculable valor que únicamente podrás mantener en el tiempo si eres una persona creíble, digna de confianza y que asume la enorme responsabilidad que tiene como líder. Únicamente así podrás conseguir un compromiso que, además de genuino, será duradero.»

LECCIÓN 9
RESPETO Y LEALTAD

«El líder que cultive respeto, recogerá lealtad. El que siembre desconsideración, recogerá desapego.»

Como seres humanos nacemos con un profundo deseo de ser aceptados y respetados, deseo que se extiende a lo largo de toda la vida y que es uno de los rasgos más significativos de nuestro cerebro social[1]. El afecto y la estima son tan importantes para la salud mental como una buena alimentación para la salud física, hecho que pone de manifiesto la necesidad imperiosa de cuidarnos física y emocionalmente como punto de partida para desarrollarnos como personas.

El papel que juegan los padres y los maestros en las primeras etapas de la vida de un niño es clave para formar su personalidad y su autoestima, ya que cuanto más pequeños, más necesitan la aprobación de los más allegados como punto de partida para tener una valoración positiva de sí mismos[2]. En la edad adulta, las muestras de respeto y consideración también son esenciales para sentirnos valorados y experimentar la increíble sensación que conlleva el formar parte de un equipo con el que sentirse identificado.

Lamentablemente, hay líderes que piensan que mostrar educación y respeto hacia el grupo que lideran es un signo de debilidad que solo puede traer una pérdida de autoridad y un exceso de confianza por parte del equipo. Creen erróneamente que el buen trato conduce inexorablemente a la falta de respeto y esto condiciona su comportamiento de una manera negativa.

A otros líderes es su ego el que les impide mostrar consideración por el grupo. Piensan que su posición les da derecho a utilizar la bronca y la intimidación en cualquier momento. Por supuesto, sin atender a razones. Da igual que el equipo se implique, se esfuerce o consiga unos buenos resultados. Lo importante es dejar claro que nunca es suficiente y que la forma más eficaz de conseguir que la gente no se relaje es utilizando la presión y el menosprecio.

Pero menospreciar al colectivo pensando que lo aceptarán con naturalidad porque eres el líder es uno de los errores más graves que podrás cometer. Los humanos tomamos muy en cuenta el trato que recibimos independientemente de con quién nos relacionemos. Además, de un buen líder esperamos respeto y consideración y cuando lo que ofrece es todo lo contrario, el desencanto crece de manera exponencial. Primero porque se nos falta el respeto como individuos y eso duele. Segundo porque lo hace el líder o máxima referencia del equipo al que pertenecemos y eso decepciona. Y del dolor y la decepción no puede surgir otra cosa que no sea el desapego.

En ningún caso estoy diciendo que no puedas mostrar tu enfado o disgusto de manera enérgica, sino que, si lo tienes que hacer, lo hagas atendiendo a unos criterios básicos de educación y teniendo claro que tu misión como líder no es culpar y castigar con malas formas, sino corregir y ayudar a resolver los problemas individuales y colectivos. Básicamente porque de esta manera reforzarás el compromiso grupal y fortalecerás tu papel como líder.

Quiero que entiendas que cuando dejas de respetar a los integrantes del conjunto que lideras, pierdes una parte muy significativa de tu autoridad, favoreces que desconecten a nivel emocional de la dinámica del grupo y, como consecuencia, les invitas a que sustituyan el interés por el bien común por el interés porque vayan mal las cosas. También creas el caldo de cultivo para que la desmotivación y la ausencia de implicación entren a formar parte de su realidad y, como resultado, bajen el rendimiento. Sin duda, el precio de la desconsideración es muy grande, aunque en multitud de ocasiones no lo reconozcamos.

Por el contrario, si decides que el respeto y la consideración van a ser las señas de identidad de tu liderazgo, todo cambiará a mejor y convertirás la convivencia del equipo en un viaje que, a pesar de las dificultades, merecerá la pena hacer.

Respetas al grupo cuando lo tratas con educación como punto de partida para compartir y colaborar. Cuando reconoces con atención la calidad del trabajo que desempeña, el esfuerzo que realiza y los resultados que consigue. Cuando expresas con asertividad el disgusto que producen determinados comportamientos. Y cuando te interesas por averiguar las causas de los errores y los problemas sustituyendo la culpa por la responsabilidad.

Te recuerdo que, si respetas a tu equipo, conseguirás que uno de los activos más valiosos del liderazgo y el trabajo en conjunto juegue a tu favor: su lealtad. También que la consideración y la buena educación sean la base sobre la que se construya la dinámica colectiva. Además, lograrás que las personas que suelen utilizar la desconsideración y las malas formas cuando se relacionan con los demás no tengan ninguna justificación para seguir haciéndolo y se sientan desplazadas de la dinámica del grupo.

En aspectos esenciales el trabajo del líder es como el de la persona que realiza labores de siembra y recolección. Si lo que cultiva es respeto y consideración, lo que obtiene a cambio es un fruto de inestimable valor: la lealtad de los seres humanos que forman el conjunto. En cambio, si lo que siembra es desprecio y desconsideración, lo que recoge es el desapego y el distanciamiento de aquellos a los que lidera. Y en este punto es crucial que entiendas la importancia del reto que tienes por delante, ya que de tu destreza como líder dependerá la calidad de la cosecha que obtengas de tu equipo.

Lección 9
«Respetar a cada una de las personas que integran el equipo y reconocer el valor de sus aportaciones te ayudará a ser valorado como un auténtico líder y te permitirá obtener uno de los activos más preciados del liderazgo: la lealtad del grupo humano que diriges.»

LECCIÓN 10
EL PROPÓSITO DEL EQUIPO

«Para liderar, en tu actitud encontrarás la clave para inspirar al equipo.»

Muchas de las decisiones que tomamos en la vida están tremendamente influenciadas por lo que creemos que deparará el futuro. Las expectativas son clave para entender cómo nos comportamos en numerosas situaciones, de tal forma que si son positivas tendemos a sentirnos motivados y con ganas de afrontar nuevos proyectos con ilusión y valentía. Pero si son negativas, el miedo y el pesimismo suelen convertirse en los grandes consejeros. Cuando esto sucede, la iniciativa y las ganas de progresar suelen desaparecer.

Si eres de las personas que prefieren dejarse llevar por el pesimismo y los malos augurios, no te culpo por ello. Desde la más tierna infancia nos han enseñado a dar más importancia a las malas noticias que a las buenas y esto nos condiciona en muchos sentidos. Además, por temas relacionados con nuestra evolución como seres humanos, tenemos una tendencia natural a sobredimensionar los aspectos negativos y dar menos importancia a los positivos. Durante cientos de miles de años nuestra supervivencia se ha basado en valorar las amenazas como ciertas y las oportunidades como posibles, y este hecho nos ha marcado profundamente.

No obstante, el futuro no tiene por qué ser un pozo oscuro lleno de fracasos y decepciones. Entre otras cosas, porque esta visión negativa en muchas ocasiones solo está en nuestra cabeza. También porque ver el porvenir únicamente a través de los ojos del pesimismo únicamente genera desmotivación y frustración, ingredientes básicos de una vida desilusionante y carente de sentido.

Pero salir del negativismo dominante y echarnos en los brazos de la esperanza y la ilusión no es tan sencillo como sería aconsejable, ya que deberemos cambiar nuestra forma de pensar, e interiorizar que la vida podrá ser un reto apasionante siempre que estemos dispuestos a construir un futuro inspirador y estimulante. Un futuro que conecte con nuestras aspiraciones más profundas y nos motive a hacer con pasión y ganas de crecer. Un futuro que, en definitiva, despierte nuestros anhelos más auténticos relacionados con el deseo de vivir y compartir una vida con sentido. De ninguna manera se trata de crear un mundo fantástico alejado de la realidad y de las dificultades relacionadas con el vivir, sino de darle sentido a la vida a pesar de las adversidades y los obstáculos que podamos encontrar durante el camino.

Cuando hablamos de liderazgo y colaboración genuina, una de las acciones más importantes que tendrás que realizar como líder es inspirar a tu equipo creando una visión[3] del futuro que conecte con sus verdaderas motivaciones, genere emociones positivas y potencie las ganas de crecer y mejorar. El objetivo es claro: dar significado al trabajo colectivo proponiendo un reto por el que merece la pena luchar y esforzarse.

Dar un significado trascendente a lo que se pretende lograr como equipo, es decir, encontrar un propósito que dé sentido al esfuerzo colectivo es fundamental para motivar al grupo que lideras. Como humanos, realizar tareas sin saber para qué ni qué se pretende conseguir desmotiva y genera frustración. Sin embargo, encontrar un sentido a lo que hacemos, conectarlo con un propósito futuro que sea estimulante y construir ese futuro con intención y ganas, es una gran fuente de inspiración.

Por ejemplo, para un centro educativo: «dar una educación de máxima calidad asegurando que la integración y el esfuerzo son dos pilares centrales del método educativo» puede ser un propósito que inspire al profesorado a dar lo mejor de sí mismos. Para una empresa: «proporcionar un servicio excelente al cliente mediante la implicación genuina de todos los profesionales que la integran» puede ser un estímulo para crear un clima laboral que haga posible la consecución de ese propósito. Para un club deportivo: «formar a los más pequeños para que el deporte sea una parte esencial de sus vidas a largo plazo» puede ser una poderosa fuente de motivación para que el trabajo diario convierta esa visión en una realidad a lo largo del tiempo. En cualquier caso, de lo que se trata es de crear un futuro que merezca la pena ser construido a pesar de las dificultades que puedan encontrarse en el camino.

Recuerda que cuando inspiras a tu equipo:

— Creas una visión del futuro que resulta estimulante y retadora.
— Das sentido al trabajo colectivo al comunicar el propósito por el que merece la pena esforzarse.
— Promueves la mejora de las capacidades individuales y colectivas que conducen directamente a la consecución del propósito.
— Favoreces la concentración de esfuerzos en torno a la culminación de la visión.

La historia del ser humano está marcada por la superación de retos en principio imposibles. Retos que fueron superados gracias a la tenacidad y la convicción de líderes que supieron construir una visión futura que inspiró a sus equipos a darlo todo por culminarla. Equipos que fueron capaces de conseguir lo imposible mediante la inspiración del líder y la superación de sus límites.

Lección 10

«Para inspirar a tu equipo, deberás encontrar un propósito que dé sentido al trabajo en conjunto. Un propósito que para que sea eficaz, tendrá que proponer un futuro que resulte estimulante, genere emociones positivas y active la motivación colectiva. Un propósito que, como punto de partida del trabajo en equipo, estará obligado a alimentar el esfuerzo y las ganas de recorrer el camino que os conducirá a la meta que juntos os habéis propuesto alcanzar.»

LECCIÓN 11
El buen ejemplo

«De un buen líder se espera que sea convincente mediante la palabra y ejemplar mediante la acción.»

Para entender por qué es tan importante el rol que desempeña el líder en el equipo, te invito a conocer el impacto que la ejemplaridad, la influencia y la imitación tienen sobre la conducta y el proceso de aprendizaje del ser humano. Si estás interesado en saber cómo te afecta lo que hacen otras personas o cómo afecta a los demás lo que haces tú, presta atención, te va a resultar interesante.

Aunque nacemos con una increíble capacidad para aprender cosas nuevas, nuestro cerebro viene al mundo con muy poca información sobre cómo funciona. Por este motivo, desde la niñez necesitamos modelos externos de los que aprender. Estos modelos son fundamentales para formar la personalidad de los más pequeños y dar sentido al mundo en el que les ha tocado vivir. Primero de los padres, después de los maestros, más tarde de los ídolos deportivos, etc. De lo que se trata es de aprender imitando[4], sobre todo cuando ven cómo se comportan y qué valoran las personas más importantes de sus vidas.

Si queremos comprender la relevancia que tienen las referencias externas y la imitación sobre la conducta de los menores en la etapa infantil, no hay más que observarlos mientras practican su deporte favorito e imitan al jugador con el que más se identifican. Para algunos será un gran jugador de baloncesto, para otros el mejor jugador de tenis del mundo. En cualquier caso, el objetivo es convertirse en alguien que sea realmente importante para ellos. Sin lugar a duda, la imitación juega un papel esencial para el aprendizaje en las primeras etapas de la vida de cualquier ser humano y no tenerlo en cuenta cuando nos relacionamos con los más pequeños puede ser un problema para su educación a largo plazo si nuestro comportamiento no es el adecuado.

Cuando llegamos a la edad adulta, los modelos externos siguen teniendo un gran influjo sobre nuestra conducta, de tal forma que las personas que se comportan de manera ejemplar tienden a influirnos positivamente y las que son un mal ejemplo, lo hacen negativamente. Aunque no seamos plenamente conscientes, lo que ocurre a nuestro alrededor determina en gran medida cómo nos comportamos.

Esta influencia, en ocasiones invisible, tiene un mayor impacto cuando la buena o la mala conducta se produce desde posiciones de liderazgo, ya que, como nos ha enseñado el experto en inteligencia emocional Daniel Goleman, las personas que más influyen sobre el comportamiento, la motivación y el estado de ánimo del equipo son las que desempeñan del rol de líder[5]. Por esta razón, si quieres influir positivamente sobre el equipo, favorecer las conductas que beneficien al conjunto, generar emociones positivas, fomentar el compromiso y potenciar la cohesión y el sentimiento de pertenencia, tendrás que ser un buen ejemplo.

Sin embargo, debes saber que hay líderes que, aunque presumen de integridad y honestidad, en realidad son un mal ejemplo y transmiten valores incompatibles con el trabajo en equipo. Son líderes que exigen resultados excelentes mientras fomentan la mediocridad mediante sus decisiones arbitrarias. Líderes que demandan implicación y compromiso desde la arrogancia y la mala educación. Líderes que exigen enormes sacrificios mientras viven alejados de la acción. Líderes que utilizan su posición de poder para beneficiarse a título personal, o líderes que hablan abiertamente de la importancia de la ejemplaridad mientras actúan con total deshonestidad.

Cometerías un grave error si no entendieras que el mal ejemplo, aparte de ser negativo en sí mismo cuando se produce, es tremendamente perjudicial cuando se contagia al grupo a través de la influencia y la imitación. Simplemente, porque cuando el mal ejemplo entra a formar parte de la realidad del equipo, el entendimiento, la confianza y las ganas de trabajar juntos para lograr los objetivos comunes desaparecen por completo.

Por esta razón, la ejemplaridad es esencial para construir un liderazgo auténtico que ponga a cada una de las personas que forman el colectivo en primer lugar, un liderazgo creíble que influya positivamente sobre el equipo y transmita los valores más genuinos relacionados con el trabajo en conjunto. Un liderazgo que, mediante tu forma de comportarte, potencie las conductas que buscan el bien común, en detrimento de las que favorecen el individualismo. Un liderazgo que, en definitiva, crea firmemente que uno de los principales papeles de cualquier líder es construir la identidad del equipo desde la buena intención y la ejemplaridad.

Serás un buen ejemplo:

— Cuando el mensaje que comuniques y cómo te comportes sean coherentes y transmitan valores sanos y moralmente beneficiosos.
— Cuando busques el bien común mediante una actitud decidida y proactiva.
— Cuando muestres tu compromiso con el equipo con las ganas y el interés del que quiere lo mejor para todas y cada una de las personas que lo forman.
— Cuando seas el primero en sacrificarte por el grupo que lideras con la convicción del que asume su responsabilidad como líder.
— Cuando protejas al equipo ante la adversidad.
— Cuando muestres tus fortalezas y tus debilidades mientras mantienes la calma en los momentos de dificultad.
— Cuando demuestres mediante tu actitud que el liderazgo es un medio para potenciar el trabajo en equipo y no un fin del que solo te beneficiarás tú.

Recuerda que como líder juegas un rol especial en el equipo. No únicamente porque tengas una mayor responsabilidad para tomar decisiones, organizar al grupo o lograr los objetivos comunes, sino porque eres la referencia en la que todos se fijan. Para bien y para mal. Al ser el espejo en el que todos se miran, tienes la obligación moral de ser un modelo positivo a seguir. Sin duda, tu equipo te lo agradecerá para siempre.

Lección 11

«La ejemplaridad te permitirá influir positivamente sobre el grupo que lideras, te ayudará a fomentar los comportamientos que busquen beneficiar al conjunto, favorecerá la implicación y el compromiso genuino de todos y cada uno de los componentes del equipo y, como resultado, asentará un profundo sentido de pertenencia a nivel grupal.»

Parte tercera
LA CONEXIÓN

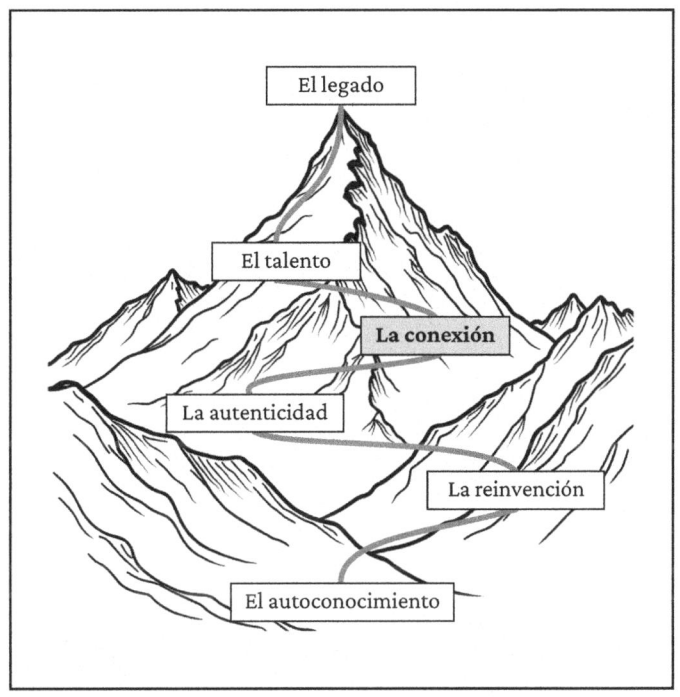

El legado

El talento

La conexión

La autenticidad

La reinvención

El autoconocimiento

LECCIÓN 12
LA CONFIANZA DEL LÍDER EN EL EQUIPO

«Confiar en el equipo es un rasgo que diferencia a los grandes líderes.»

Con frecuencia olvidamos que somos seres sociales dotados de un cerebro que ha sido diseñado para crear potentes vínculos afectivos con los demás. Vínculos que dan sentido a las relaciones más importantes que mantenemos a lo largo de la vida. Vínculos que nos ayudan a crecer y desarrollarnos como individuos. Vínculos que hacen posible un liderazgo centrado en las personas. Vínculos que permiten trabajar en equipo con sentido y orientación. Si lo piensas bien, en realidad nos necesitamos para vivir y sobrevivir.

Si no me crees, piensa por un momento qué significaría para ti pasar el resto de tus días en una isla sin nadie con quien comunicarte, y te darás cuenta de lo mucho que necesitas a otros seres humanos a pesar de los desencuentros y los malentendidos que puedan surgir en ocasiones. Podrías tener todos los lujos del mundo, podrías tener todo el poder del universo y, aun así, tardarías poco tiempo en echar de menos una conversación verdadera, un abrazo sincero o un momento de silencio compartido.

Para colaborar con los demás en busca de un destino común y sentir que pertenecemos a un verdadero equipo se necesita una conexión especial que únicamente puede ser conseguida a través de ese tesoro llamado confianza. Ten en cuenta que, durante cientos de miles de años, vivir en grupo y confiar en las personas que lo formaban ha sido una de las claves de nuestra supervivencia como especie, y que sin esa confianza, sin esa ayuda mutua, sin esa colaboración genuina, tú y yo no estaríamos aquí. Por esta razón, confiar cuando trabajamos en equipo está en nuestra esencia como seres humanos. Y por esta misma razón, la desconfianza es tan dañina para las relaciones entre personas, debido a que abre la puerta al recelo y a la suspicacia, ¿y quién quiere trabajar en equipo en un ambiente dominado por el temor a ser traicionado o engañado?

La confianza es uno de los activos más potentes que tiene cualquier líder para conducir al grupo hacia los objetivos con ímpetu y determinación. Es una herramienta que permite construir equipos imbatibles cuando está presente o acabar con ellos cuando es sustituida por la desconfianza. La confianza es como la planta que al recibir cuidado y atención da unos frutos de extraordinaria belleza, pero cuando se descuida esa atención, se marchita y acaba por desaparecer. Para mí, es la llave que abre la puerta de las relaciones sanas y constructivas a lo largo del tiempo.

Como líder, debes entender que confiar o desconfiar marcará la relación que mantengas con tu equipo y que este hecho determinará lo que seáis capaces de conseguir.

— Primero porque la confianza es esencial para construir los vínculos que caracterizan las relaciones basadas en la complicidad. Vínculos que te permitirán conectar a nivel emocional y conocer las verdaderas inquietudes y motivaciones del equipo.

— Segundo porque confiar en el grupo humano que lideras aumenta su autoestima y su predisposición para afrontar objetivos más exigentes. La psicología nos ha enseñado que cuando un líder (padre, entrenador, profesor, etc.) confía en el grupo (familia, equipo, alumnos, etc.) y se lo demuestra con frecuencia, los individuos que lo forman mejoran la valoración que tienen de sí mismos.

— Tercero porque cuando confías en la capacidad del grupo para enfrentarse a los retos que tiene que superar, sube su nivel de exigencia, se esfuerza durante más tiempo, pone más atención en la realización de la tarea y, como resultado, tiene un desempeño mejor en lo que se denomina «efecto Rosenthal»[1], efecto que hace más probable lograr las metas.

Por el contrario, cuando la desconfianza es la base sobre la que se construye la dinámica colectiva, el miedo a cometer errores termina con la iniciativa, mientras la relación del líder con el equipo se acaba basando en el distanciamiento y la desconexión emocional.

Un líder desconfía de su equipo cuando lo quiere controlar todo para supuestamente evitar las equivocaciones. Cuando ve en la amenaza y el castigo la solución a todos los problemas y cuando no permite ningún tipo de participación en las decisiones colectivas.

No olvides que para demostrar que realmente confías en el grupo que lideras deberás aceptar que en cierta medida vas a perder el control sobre las tareas y las personas que las van a realizar. Tendrás que ver los errores como parte de un proceso de aprendizaje y perfeccionamiento, y, por último, entender que la colaboración es un proceso en el que la participación lo mejora y enriquece. Si esto es así y realmente crees en los beneficios que proporciona la confianza, estarás obligado a:

— Proporcionar autonomía para que cada una de las personas que integran el colectivo ponga su talento a disposición del conjunto. Para ello tendrás que definir el rol que tienen que desempeñar, detallar qué tareas tienen que realizar, qué responsabilidad tienen que asumir y qué decisiones pueden tomar.

— Empoderar[2] públicamente a los miembros del grupo como mecanismo para mostrar tu confianza. También para que todos sepan las tareas, las responsabilidades y las decisiones que a cada uno le corresponden.

— Fomentar la participación del equipo en su propia dinámica. Una de las formas más eficaces de demostrar que confiamos en el grupo es permitiendo que participe de manera activa en las decisiones que puede enriquecer[3]. Participación que servirá para proponer mejoras, resolver problemas y compartir conocimientos.

Si la confianza que demuestras al grupo humano que lideras es verdadera, tendrá el mismo efecto que la savia que nutre las plantas. Hará posible su crecimiento, fortalecerá su autoestima y favorecerá que desarrolle todo su potencial.

Lección 12
«La confianza es la energía que transmites al equipo y hace posible que trabaje con tenacidad para conseguir los objetivos. Es la fuerza que le motiva a actuar con determinación sin que el miedo al error acabe con su iniciativa. Es el motor que le empuja hacia el futuro sin que la incertidumbre condicione su valentía. Por estos motivos, confiar en el grupo que lideras es un desafío que tendrás que superar si realmente quieres liderar con valor y entusiasmo.»

LECCIÓN 13
LA QUÍMICA DEL EQUIPO

«La confianza del equipo en sí mismo es el pilar sobre el que se construyen los equipos que se sienten ganadores.»

La confianza que el equipo tiene en sus propias posibilidades es una fuente inagotable de energía y motivación. Es la fuerza que le impulsa a enfrentarse a los desafíos más extraordinarios sin que el miedo y la duda tomen el control. Es estar preparados mentalmente para luchar por los objetivos comunes con ganas y determinación. Es saber que cuando la adversidad llame a la puerta, el conjunto que lideras estará preparado para esforzarse con mayor decisión.

Es importante que entiendas que la probabilidad de que tu equipo consiga las metas que os habéis propuesto alcanzar tiene una relación directa con la confianza que exista entre las personas que lo integran. Y que cuanto mayor sea la confianza mutua, mayores serán los desafíos a los que estará dispuesto a hacer frente.

A menudo pasamos por alto la íntima relación que existe entre confianza y desempeño, y olvidamos que cuando una persona siente que se confía en su talento y en su deseo genuino de darlo todo por el colectivo, se exige más, se esfuerza más y como consecuencia es muy probable que tenga un mayor rendimiento. También que cuando comparte el trabajo en equipo con gente en la que confía plenamente, se siente bien, se comunica con fluidez y está dispuesta a expresar sus pensamientos y emociones con naturalidad. Por cierto, componentes esenciales de un ambiente en el que la complicidad, el entendimiento y el sentimiento de pertenencia se acaban convirtiendo en los protagonistas.

No obstante, todavía hay mucha gente que piensa que relacionarse con los demás tiene unos riesgos enormes. Creen que tarde o temprano serán traicionados y que la mejor forma de evitarlo es desconfiando y estando en permanente estado de alerta. Cuando esto ocurre, la desconfianza hace imposible la conexión y la cohesión grupal, condenando al equipo al recelo, al conflicto y al enfrentamiento constante.

Si bien es cierto que la traición y el engaño forman parte del mundo en el que vivimos, la mayoría sentimos un profundo deseo de colaborar en un ambiente en el que la confianza, la franqueza y la lealtad sean los pilares sobre los que se asienten el liderazgo y el trabajo en equipo. Y que este sentimiento tan genuinamente humano es el que te debe guiar como líder para construir un ambiente en el que confiar sea la norma y no la excepción.

Nuestro cerebro social ha sido diseñado para conectar con las emociones y los sentimientos de las personas que integran el grupo humano del que formamos parte. Los estados de ánimo son extraordinariamente contagiosos y ese contagio es la base sobre la que se construye la «química del equipo» y el ambiente emocional en el que se trabaja conjuntamente. Entonces, cuando lo que se respira en el interior del equipo es confianza y seguridad, lo que se consigue a cambio es un entorno de trabajo en que la lealtad, la implicación y el compromiso son la base sobre la que se construye la dinámica colectiva.

Para que el contagio de las emociones positivas sea una realidad y la confianza se convierta en la gran fuerza que conduce al conjunto hacia sus objetivos, tu actitud como líder es esencial. Primero porque la capacidad que tienes para influir sobre el colectivo es mucho mayor que la de cualquier otro miembro, y este hecho debe condicionar positivamente tu forma de comportarte. Segundo porque como resultado de esa mayor capacidad de influencia, una actitud decidida y comprometida por tu parte fortalecerá la cohesión, promoverá la confianza recíproca y favorecerá las ganas de compartir un destino compartido.

Pero no podemos olvidar que las emociones negativas asociadas con la desconfianza se transmiten a una velocidad endiablada y que si no se actúa con decisión cuando aparecen, la dinámica grupal puede sufrir serias consecuencias. Utilizar el castigo y la culpa cuando se cometen errores, dar más importancia a las derrotas que a las victorias con asiduidad o asegurar permanentemente que el grupo no está preparado para lograr los objetivos que se ha propuesto pueden dañar seriamente la confianza del equipo en sí mismo.

Por lo tanto, si de verdad quieres fomentar la confianza entre los integrantes del equipo y consolidar una cultura basada en la complicidad y el sentimiento de pertenencia, deberás:

— Ser una persona íntegra, creíble y digna de confianza, para lo cual la ejemplaridad es clave.
— Sentar las bases para que el equipo se comunique con educación, asertividad y fluidez.
— Fomentar el respeto mutuo y penalizar los comportamientos que tengan como base la desconsideración y la falta de educación entre compañeros.
— No permitir los errores intencionados ni el incumplimiento deliberado de los compromisos adquiridos.
— Premiar los comportamientos que, de manera desinteresada, favorecen la cohesión grupal y el espíritu de equipo.
— Celebrar las victorias con ilusión y aceptar las derrotas con educación y humildad.
— Ser consciente y aceptar las debilidades del colectivo, minimizando el impacto que puedan tener sobre su dinámica.
— Resaltar, valorar y potenciar las fortalezas del equipo como medio para incrementar la autoestima (individual y colectiva) y la confianza en sus propias posibilidades.

Cuando la confianza mutua es la base sobre la que se construye la dinámica grupal, el equipo actúa con las ganas y la iniciativa del que no tiene miedo a fracasar, y aunque resulte paradójico, cuando esto ocurre, aumenta la probabilidad de que consiga lo que se ha propuesto. Si lo piensas bien, la confianza del equipo en sí mismo es el motor que lo mueve hacia el futuro con fuerza. ¿Te atreves a activarlo?

Lección 13

«Fomentar que la confianza sea el vínculo que mantiene unido al conjunto, crear un ambiente en el que la "química del equipo" fluya con naturalidad, y hacer posible que esa química sirva para contagiar el deseo de mejorar y las ganas de participar en la dinámica colectiva, demostrará tu maestría como líder y tu grandeza como ser humano.»

LECCIÓN 14
COMUNICACIÓN PROACTIVA

«Para liderar con maestría tendrás que comunicarte con la
misma habilidad con la que el escultor talla la piedra.»

Una de las competencias más importantes que tendrás que desarrollar y perfeccionar, si realmente quieres liderar desde la autenticidad y trabajar en equipo con propósito, es la comunicación. Te aseguro que, si la utilizas correctamente, te permitirá fortalecer las bases de la colaboración, te ayudará a crear los vínculos que caracterizan a los verdaderos equipos y podrás compartir la información que hará posible trabajar para lograr las metas comunes. Además, tendrás a tu disposición la herramienta más potente que existe para influir positivamente sobre el grupo humano que lideras y guiarle hacia el destino que os habéis propuesto alcanzar.

En el plano individual, la comunicación es el vehículo que te permitirá expresar tus pensamientos, sentimientos, inquietudes e ilusiones. Por cierto, elementos esenciales para mostrarte tal cual eres y compartir tu visión particular del mundo. A nivel colectivo, la comunicación te conectará con el grupo al que perteneces y te ayudará a crear las bases de una relación basada en la autenticidad.

A la hora de comunicarnos, lo hacemos de manera «verbal» si transmitimos información a través de la palabra hablada o escrita, por ejemplo cuando mantenemos una conversación con alguien sobre los detalles de un proyecto o enviamos un correo electrónico solicitando una documentación. En cambio, nos comunicamos de manera «no verbal» si la información la transmitimos mediante la postura corporal, el contacto visual, la gesticulación, la expresión de la cara o el tono de la voz.

Normalmente y aunque se produzca de manera inconsciente, comunicamos mucha más información de manera «no verbal» que «verbal»[4].

A pesar de la relevancia que tiene la comunicación para liderar, desarrollar el trabajo en conjunto y lograr que las relaciones que mantenemos a lo largo del tiempo sean sanas y fructíferas, existen déficits comunicativos muy importantes. Déficits que están muy asentados en la sociedad y que dificultan enormemente la colaboración y el entendimiento.

El primero es la agresividad comunicativa. Nos expresamos de esta manera cuando decimos lo que pensamos y sentimos con la suficiente contundencia como para intimidar a la persona con la que nos estamos relacionando. La comunicación podrá ser «verbal» o «no verbal» pero el resultado será siempre el mismo: inquietar y atemorizar a nuestro interlocutor. Por mucho que pensemos que la mejor forma de impedir los errores, de evitar los malos resultados o de hacer valer una opinión es utilizando la intimidación y el miedo, la realidad es bien distinta, ya que lo que realmente favorece la agresividad comunicativa es la desconexión, el desinterés y el desapego del equipo.

El segundo déficit es la pasividad comunicativa. Nos comportamos de forma pasiva cuando a pesar de ser necesario proporcionar información, no comunicamos absolutamente nada, dejando a la interpretación del interlocutor lo que realmente pensamos o sentimos. Esta situación genera una enorme incertidumbre debido a que el *feedback* del líder es fundamental para saber la evolución del equipo, qué aspectos hay que mejorar o qué opinión tiene sobre el trabajo que realiza cada uno de sus integrantes. De igual modo, la pasividad se puede convertir en agresividad comunicativa como consecuencia de no expresar el disgusto, el malestar o el desacuerdo cuando se producen, y esperar a que la ira se apodere de nuestro comportamiento cuando el problema ya tiene difícil solución.

El tercer déficit es la comunicación disfuncional. Nos comunicamos de manera disfuncional cuando la información que compartimos es demasiado extensa respecto a lo que queremos comunicar, el contenido del mensaje es difícil de entender, no sabemos si la información ha sido recibida y entendida cuando utilizamos un medio digital, o la enviamos demasiado tarde. Cuando esto sucede, la comunicación, en vez de facilitar y hacer posible el trabajo en equipo, lo dificulta de manera decisiva. Aunque nos parezca incomprensible, la disfuncionalidad comunicativa está muy extendida y pone de manifiesto lo difícil que resulta entenderse en numerosas ocasiones.

El hecho de que existan importantes déficits comunicativos cuando colaboramos únicamente nos tiene que motivar a buscar la mejor fórmula para resolverlos, fórmula que tendrá como componentes mágicos la asertividad, la comunicación con propósito y la fluidez comunicativa. Deja que te explique por qué.

La asertividad es la capacidad que, si nos lo proponemos, podemos desarrollar para decir lo que pensamos y sentimos con seguridad, franqueza y respeto hacia la gente que integra el grupo que lideramos. Su finalidad no es ocultar información para no molestar a la persona con la que nos comunicamos. Tampoco deformar el mensaje para que no sepa la importancia, la gravedad o el alcance de lo que le queremos comunicar. Por el contrario, el propósito de la asertividad es decir la verdad con educación, honestidad y confianza, teniendo muy presente que la persona que tenemos enfrente merece todo nuestro respeto y consideración.

Eres asertivo cuando tienes claro qué quieres comunicar, te expresas con firmeza y refuerzas el mensaje hablado con una comunicación «no verbal» que muestra un interés genuino por el interlocutor. Cuando esto se produce, conectas de verdad mientras te comunicas con asertividad.

Si la asertividad favorece la conexión y abre la puerta del entendimiento, la comunicación con propósito permite expresar la información para que sea entendida y tenga utilidad. En este caso, deberás tener clara la importancia de:

— Construir un mensaje que sea claro, preciso y contenga toda la información clave.
— Adaptar el contenido del mensaje al perfil de la persona que lo va a recibir para que lo comprenda en su integridad.
— Asegurarte de que cuando se lo comunicas, lo entiende en su totalidad.

— Transmitirlo en el momento oportuno para que tenga la mayor utilidad.

— Tener la certeza de que la información ha llegado al destinario, si no te comunicas de manera directa y/o personal.

Estos cinco puntos son clave para que la comunicación cumpla con su propósito original y transmita información completa, práctica y de calidad. Por este motivo, es esencial que los apliques cuando interacciones con tu equipo.

Por último, la fluidez comunicativa también es fundamental para mejorar el trabajo en conjunto. Este tipo de comunicación consiste en expresar con naturalidad nuestras inquietudes, opiniones, quejas o sugerencias a lo largo del tiempo. Con educación, pero sin miedos ni reservas. Los objetivos que persigue la fluidez comunicativa son proporcionar información para coordinar y realizar las tareas asociadas a la colaboración productiva, solucionar errores o aportar nuevas ideas al colectivo, y evitar los problemas de entendimiento que genera la pasividad comunicativa.

Terminamos esta lección con una reflexión que espero te motive a perfeccionar la herramienta de conexión humana más genuina que tenemos a nuestra disposición: «Una comunicación eficaz es básica para liderar. Es la llave que abre la puerta a la colaboración y al entendimiento. Es una competencia que, aunque se pueda entrenar, solo podrás mejorar si te comprometes de verdad y te esfuerzas con tenacidad a lo largo del tiempo».

Lección 14

«Una buena comunicación es básica para liderar. Es el vehículo que permite transmitir y recibir la información que hace posible el trabajo en conjunto. Es la herramienta que, si utilizas bien, te permitirá conectar con las personas que forman el equipo, te ayudará a coordinar las tareas colectivas y facilitará la resolución de los problemas que surjan.»

LECCIÓN 15
ESCUCHA ACTIVA

> «Cuando un líder escucha con atención a las personas que integran su equipo, se interesa por lo que dicen y comprende cómo se sienten.»

Cuando se habla de eficacia comunicativa, se suele poner la atención sobre la habilidad que tiene la persona para expresar lo que piensa o quiere comunicar de una manera adecuada y convincente. En este caso, el buen comunicador es el que se expresa correctamente y con fluidez. A las personas que se comunican bien y tienen la capacidad para convencer mediante el uso de la palabra las llamamos persuasivas y sin lugar a duda juegan un papel predominante en muchos ámbitos de la sociedad.

Respecto al liderazgo, la persuasión es una de las herramientas comunicativas más potentes de las que dispones para influir positivamente sobre el equipo y utilizar la ejemplaridad para conducirlo por el camino de la excelencia. También para convencerle de la importancia de basar el trabajo en equipo en la generosidad compartida, el interés común y el apoyo mutuo. En un mundo cada vez más individualista, tener presentes los valores que sostienen la colaboración genuina es sin duda fundamental.

Sin embargo, solemos olvidar que el secreto de la buena comunicación también reside en la capacidad para escuchar y comprender al ser humano que tenemos enfrente. Una escucha activa que busca valorar no solo el mensaje, sino también a la persona que lo transmite. Reconozco que no es sencillo, ya que estamos llenos de prejuicios respecto a qué significa mantener una conversación de verdad, y esta situación nos condiciona en gran medida cuando nos relacionamos y conversamos con el grupo al que lideramos.

Por ejemplo, cuando hablo con mis hijos adolescentes, en numerosas ocasiones tengo que hacer un esfuerzo consciente para dejar que se expresen con naturalidad y digan lo que realmente piensan, ya que, si no lo hago, tiendo a imponer mi visión de las cosas sin apenas ser consciente de ello. En este caso, el prejuicio se basa en el hecho de pensar que, como padre, debo tener razón, aunque no sea cierto. Otra situación que se produce es cuando desconecto de la conversación y me pongo a pensar en la cantidad de cosas que tengo que hacer. Cuando esto ocurre y no me esfuerzo por volver a la escucha activa, el prejuicio que entra en juego es el que me hace creer que las conversaciones verdaderamente importantes son las que se producen en el mundo de los adultos, aunque sea una falsedad. En el trabajo, en el aula, en la cancha de juego o en casa los prejuicios están muy presentes y trabajar para minimizar su influencia cuando te comunicas con los que realmente te importan es una tarea que tendrás que realizar.

Por lo tanto, saber escuchar y estar dispuesto a prestar la atención que demanda cada persona y cada situación es un reto que estás obligado a superar. Por supuesto, siempre que quieras utilizar la comunicación para potenciar el entendimiento, valorar a los integrantes de tu equipo y mejorar el resultado de la colaboración. Primero porque cuando escuchas conectas a nivel emocional con los seres humanos que lideras, hecho de especial relevancia para establecer el vínculo que caracteriza a las relaciones basadas en la confianza. Segundo porque cuando atiendes muestras un interés genuino tanto por el mensaje como por quien lo comunica. Tercero porque escuchar activamente y prestar atención interesada son las formas más eficaces para entender los detalles de la información y el contexto en el que se produce.

Como seres humanos, nacemos y vivimos con un profundo deseo de sentirnos importantes y ser aceptados por el grupo al que pertenecemos. Esta razón debería ser más que suficiente para empezar a ver la escucha activa como lo que realmente es, una herramienta que proporciona unos enormes beneficios y que hace posible que la persona que es escuchada:

— Se sienta valorada como ser humano. Cuando escuchas y atiendes con intención, envías un mensaje potentísimo a la mente de tu interlocutor: me importas como persona.
— Sienta que la información que va a comunicar es importante. Cuando escuchas y atiendes con intención, envías un segundo mensaje igual de potente: me importa lo que me tienes que decir.
— Se sienta integrada en el equipo. Cuando escuchas y atiendes con intención, envías un tercer mensaje que acaba por cerrar el círculo: eres una pieza clave del equipo.

Lamentablemente, muchos líderes tienen una gran asignatura pendiente: aprender a escuchar y a poner en valor lo que los demás miembros del equipo tienen que decir. Y lo tienen que hacer porque para ellos lo importante es la información que tienen que recibir, sin tener en cuenta lo mucho que una conversación genuina puede aportar ni lo mucho que la falta de atención puede llegar a desmotivar. Viven en un mundo en el que su ego les impide conectar con el lado más humano de su gente, y esta situación, además de afectar negativamente a la dinámica colectiva, les aleja de cada una de las personas que forman el conjunto que lideran.

Para escuchar activamente y prestar atención interesada:

— Mira a los ojos de tu interlocutor buscando una conexión real.
— Concentra tu atención en la persona que tienes enfrente y atiende a los detalles.
— Utiliza la comunicación «no verbal» para enfatizar tu atención (asiente con la cabeza...).
— Pregunta aquello que no entiendas y necesite una mayor aclaración.
— Si tienes que intervenir, se breve y no robes el protagonismo a la persona con la que te comunicas.
— Si es necesario, da tu opinión cuando la conversación finalice.

Te recuerdo que cuando escuchas y atiendes con intención, conectas con la dimensión más humana del grupo que lideras, y que hacerlo con naturalidad y asiduidad te permite construir dinámicas colectivas basadas en la complicidad y en la confianza mutua.

Lección 15

«Escuchar con atención e interesarte de verdad por los seres humanos que integran tu equipo son hábitos que, si todavía no has adquirido, tendrás que adquirir. Por supuesto, siempre que tu intención sea convertirte en un líder que, además de comunicarte con proactividad, quiera comprender y entender lo que tienen que decirte.»

LECCIÓN 16
LIDERAZGO EMOCIONAL

«La gestión de las emociones colectivas demanda sabiduría para comprender, serenidad para gestionar y determinación para resolver.»

¿Te imaginas un mundo puramente racional? ¿Un mundo en el que todo fuese predecible? ¿Un mundo en el que las decisiones que tomamos y cómo nos comportamos se basasen únicamente en la lógica? Sin duda, un mundo con estas características proporcionaría enormes avances científicos y técnicos, pero nos privaría de muchas de las cosas que nos hacen realmente humanos. En especial de algo que nos acompaña desde nuestros orígenes y que nos ha servido de gran ayuda para sobrevivir: las emociones.

Las emociones juegan un papel muy importante en la vida. De hecho, son fundamentales para nuestro bienestar físico y psicológico. También para la interacción social. El problema surge cuando no las sabemos gestionar y se convierten en nuestro peor enemigo. Por ejemplo, cuando nos avisan de peligros inexistentes de manera permanente, o cuando nos sobreexcitan en situaciones que demandan serenidad. Por esta razón, aprender a identificarlas y gestionarlas nos permitirá mejorar el conocimiento que tenemos de nosotros mismos y potenciar el autocontrol que tanto necesitamos para ayudar a los demás a controlar sus propias emociones.

Respecto al liderazgo, debes entender que la gestión de las emociones es una de las competencias más importantes que tendrás que desarrollar como líder. Principalmente, porque sin una comprensión profunda de cómo funcionan y cómo afectan al estado de ánimo del equipo no podrás conectar con su lado más humano, ni serás capaz de motivarlo, ni sabrás cómo afrontar los momentos de dificultad.

Como en la mayoría de las áreas en las que la formación juega un papel relevante para aprender o enriquecer el desempeño de determinados roles, si quieres convertirte en un buen gestor de las emociones tendrás que comprometerte con el aprendizaje, descubrir los secretos de la gestión emocional y ponerlos en práctica cuando trabajes en equipo.

Para que el proceso de aprendizaje y perfeccionamiento sea un éxito y te permita utilizar la inteligencia emocional[5] como base para interaccionar con el grupo que lideras, deberás:

— Profundizar en el conocimiento que tienes de ti mismo con el objetivo de mejorar el gobierno de tus propias emociones.
— Averiguar tus fortalezas y limitaciones psicológicas con el propósito de decidir qué áreas tienes que potenciar como gestor emocional y como líder.
— Desarrollar la habilidad que te permita interpretar el estado de ánimo del grupo humano que lideras y saber cómo afecta este estado a su nivel motivacional.
— Saber cómo influye tu estado de ánimo y tu comportamiento en las emociones de los integrantes del colectivo.

La capacidad para saber cómo se siente el grupo al que lideras independientemente de la situación a la que se tenga que enfrentar. La habilidad para intuir cómo le afectan determinados estímulos a nivel motivacional. La destreza para interpretar cuál es su estado de ánimo cuando tiene que resolver problemas difíciles. La competencia para saber qué personas tienen dificultades para comunicar sus pensamientos y sentimientos con naturalidad. La habilidad para percibir quién tiene una mala relación con otros compañeros o la maestría para averiguar quién está pasando por un mal momento a nivel personal son competencias que un buen gestor emocional tiene que desarrollar.

Como líder, aprender a interpretar el estado de ánimo de tu equipo y observar cómo le afecta la presión o el contexto en el que se desarrolla el trabajo en conjunto es clave para saber cómo actuar y qué medidas aplicar para que el aspecto emocional juegue a tu favor en las situaciones más complicadas.

Otro aspecto que tendrás que perfeccionar está relacionado con la capacidad para intuir cómo afectarán tu conducta y estado anímico a los de los demás componentes del conjunto. Las emociones son muy contagiosas y el estado de ánimo del líder tiene una enorme influencia sobre el del grupo, motivo más que suficiente para saber qué decir y qué callar cuando nos relacionamos con el equipo. También para decidir qué hacer y qué evitar.

Por desgracia, a lo largo de mi vida he visto a muchos líderes comportarse de la peor forma posible en las situaciones más comprometidas y estresantes. Situaciones que por su naturaleza demandaban un liderazgo sereno, racional y empático. Lo he visto en el ámbito deportivo, cuando después de cometer un error involuntario, el entrenador criticaba con dureza al jugador que lo había realizado. En el ámbito empresarial, cuando al no conseguir un objetivo la reprobación pública era la forma de agradecer el enorme esfuerzo realizado, y en el ámbito familiar cuando después de superar todas las etapas formativas con éxito, nunca era suficiente para recibir el merecido reconocimiento.

Recuerda que te convertirás en un buen gestor emocional:

— Si te preocupas por conectar a nivel psicológico con cada uno de los integrantes del equipo. Para lo cual tendrás que prestar atención consciente y plena cuando te relaciones con ellos.
— Si te esfuerzas por interpretar la información que transmiten mediante su forma de comportarse. Para lo cual tendrás que observar qué expresan realmente cuando se comunican de manera verbal y no verbal.
— Si aprendes a anticipar cómo le afectarán determinadas situaciones que, por su naturaleza, son estresantes. Para lo cual tendrás que utilizar el conocimiento, la intuición y la experiencia que acumulas.
— Si preguntas qué piensan y cómo sienten en las situaciones más comprometidas. Para lo cual tendrás que ponerte en su lugar e interpretar su estado de ánimo desde la posición en la que se encuentran.

— Cuando actúas con determinación para gestionar y minimizar las emociones negativas y potenciar las positivas. Para lo cual tendrás que tomar la iniciativa y desplegar todo el talento que tienes como líder.

La gestión de las emociones demanda sabiduría e inteligencia, templanza y racionalidad, contención y agilidad emocional[6]. También una férrea voluntad para gestionar tus emociones como paso previo para gestionar las del equipo.

Lección 16

«Entender cómo afectan las emociones a la dinámica del equipo, aprender a gestionarlas con habilidad, saber qué estímulos son los que generan mayor inquietud en el grupo y comprender cómo le afecta tu propio estado emocional son competencias que tendrás que desarrollar si quieres construir un liderazgo centrado en las personas y que perdure en el tiempo.»

LECCIÓN 17
EL PODER DE LA EMPATÍA

«Cuando el líder empatiza con el equipo, conecta con su lado más humano.»

Las relaciones más satisfactorias, saludables y enriquecedoras de las que disfrutamos en la vida suelen basarse en una comunicación abierta de lo que pensamos y sentimos, una escucha activa de lo que se nos comunica y un interés sincero por comprender a las personas con las que nos relacionamos. Para mí, expresarse con asertividad, escuchar con atención y comprender con intención es la receta para establecer vínculos basados en la confianza.

Una de las fórmulas más efectivas de las que dispones para convertirte en un líder ejemplar está directamente vinculada con tu habilidad para relacionarte con el grupo que lideras con cercanía y fluidez. Para lograr este objetivo, deberás aprender a ponerte en el lugar de cada uno de los seres humanos que lo integran y sentir como propias sus emociones, ya que, de esta manera, serás capaz de entender sus verdaderas motivaciones.

A la capacidad innata que nos permite conectar a nivel emocional con las personas con las que trabajamos en equipo y hace posible que sintamos lo que sienten la llamamos empatía, y es una de las claves del liderazgo genuino, debido a que posibilita que los vínculos que se establecen entre el líder y el colectivo sean auténticos y perduren en el tiempo.

Es muy importante que comprendas que, si estás convencido, la empatía te conectará con el lado más humano y emocional de tu equipo, y que este hecho te permitirá construir relaciones basadas en la comprensión, la confianza y la lealtad mutua.

La forma más sencilla y eficaz de entender lo que realmente significa empatizar cuando interaccionamos con otras personas pasa necesariamente por saber cómo nos gusta ser tratados y a qué le damos un valor especial como seres humanos. De esta manera, aprenderemos a conectar con el lado más auténtico del grupo al que lideramos y comprenderemos sus motivaciones más profundas.

Para hacerlo lo más práctico posible, voy a exponer los principios que te ayudarán a empatizar con cada uno de los integrantes de tu equipo y entender qué es realmente importante para ellos. Mi intención es demostrarte que el primer paso para conectar de verdad con cualquier individuo pasa inevitablemente por saber qué comportamientos fortalecen esa conexión y crean los vínculos que caracterizan a las relaciones genuinamente humanas. Lee con atención, reflexiona con intención y saca tus propias conclusiones:

«Normalmente, a los humanos nos gusta que se nos trate con consideración, educación y respeto. También que se nos valore positivamente a nivel personal y se confíe en nuestra buena voluntad y capacidad para hacer bien las cosas. De la misma manera, nos encanta participar activamente en la dinámica del equipo siempre que sepamos qué tenemos que hacer y qué se espera de nuestra participación. Además, nos gusta disponer de la autonomía que nos permita desplegar todo el talento que atesoramos, siempre que dominemos las tareas que tenemos que realizar.

Por lo general, a las personas nos gusta recibir ayuda cuando tenemos que resolver algún problema o pasamos por momentos de dificultad. También comunicar lo que pensamos y sentimos teniendo la certeza de que no seremos penalizados ni puestos en evidencia. Además, para crear los vínculos de reciprocidad que caracterizan a los equipos de verdad, necesitamos relacionarnos con las personas que los integran. Asimismo, agradecemos profundamente que se valore el esfuerzo y el sacrificio que realizamos por el conjunto, y se recompensen las metas que acabamos consiguiendo. Y por último, preferimos que, si se nos tiene que comunicar alguna información importante e independientemente de si es positiva o negativa, se haga con franqueza y honestidad.»

Sin embargo, en numerosas ocasiones la relación que se establece entre el líder y el equipo se basa en prejuicios convertidos en verdades incuestionables que dañan gravemente la confianza. Prejuicios que dificultan enormemente la conexión humana. Prejuicios que, en definitiva, hacen imposible que la empatía sea el pilar sobre el que construir la dinámica grupal. Por ejemplo, cuando se asegura que la gente únicamente se preocupa por sus cosas y no le interesa lo que le pase a los demás, cuando se afirma que al ser humano le cuesta mucho ayudar y cooperar, o cuando se cree que por muy bien que trates a alguien, en cuanto pueda te engañará.

Ten en cuenta que cuando estos prejuicios se activen y empiecen a condicionar tu comportamiento, te resultará tremendamente complicado empatizar. Ponerse en el lugar de otro ser humano surge del deseo genuino de comprender y aceptar qué siente y por qué, y esto solo se puede conseguir cuando hay una opinión favorable sobre la persona y un interés verdadero por saber qué le pasa.

Empatizas con tu equipo:

— Cuando te esfuerzas por ver las cosas desde el punto de vista de las personas que lo integran, sin sentirte condicionado emocionalmente.
— Cuando entiendes cómo se sienten o cómo piensan, aunque no estés de acuerdo.
— Cuando evitas utilizar sus debilidades para obtener alguna ventaja.
— Cuando tratas a los seres humanos que lo integran como te gustaría ser tratado.

Las relaciones personales se basan en un principio de reciprocidad que no te conviene olvidar. De tal forma que, si tratas a alguien con desprecio y desconsideración, tenderá a tratarte de la misma manera. En cambio, si le demuestras respeto y preocupación, lo más probable es que se interese por ti y te respete. Entonces, para que el equipo dé lo mejor de sí mismo en un ambiente en el que se sienta comprendido e integrado, tendrás que permitir que la empatía guíe tu comportamiento como mecanismo esencial para construir una relación sana y enriquecedora con cada una de las personas que forman parte del grupo humano que lideras. En ti está hacerlo realidad.

Lección 17

«Si realmente quieres descubrir el lado más humano de las personas que lideras, entender qué las motiva de verdad, comprender por qué se comportan como lo hacen o saber cómo se sienten en las situaciones más comprometidas, deberás empatizar con ellas. La empatía es una cualidad que, aunque naces con ella, solo podrás desarrollar si tienes un interés real por conectar con tu equipo, si te comprometes contigo mismo para descubrirla y si la practicas asiduamente a lo largo del tiempo.»

PARTE CUARTA
EL TALENTO

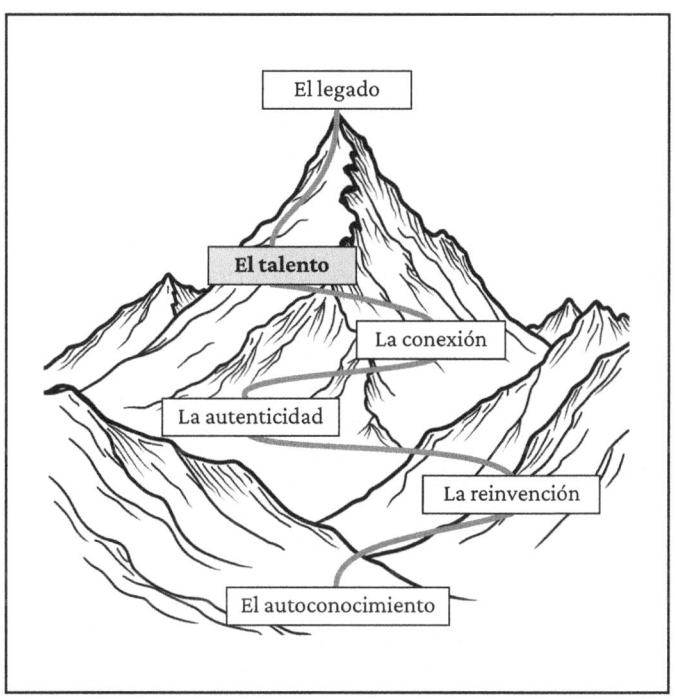

El legado

El talento

La conexión

La autenticidad

La reinvención

El autoconocimiento

LECCIÓN 18
ORGANIZAR PARA LIDERAR

> «Al organizar al grupo que lideras, focalizas su energía en la consecución de las metas que os habéis propuesto alcanzar.»

Nadie ha utilizado ni utiliza la colaboración como lo hacemos los seres humanos. La utilizamos para construir impresionantes infraestructuras, para hacer increíbles descubrimientos científicos, para fabricar fascinantes dispositivos tecnológicos o para practicar deportes por los que sentimos verdadera pasión. Si revisamos nuestro pasado con curiosidad, nos daremos cuenta del destacado papel que ha jugado para conseguir muchos de los hitos que de otra manera hubiera sido sencillamente imposible. El más importante: la supervivencia.

Una de las bases del trabajo en equipo que tantos beneficios nos proporciona es su organización. Principalmente porque sin organizar adecuadamente al grupo, favoreceremos el caos y el desorden que tanto perjudica la colaboración genuina, que tanto daño hace al acuerdo y al entendimiento, que tanto alimenta los conflictos y que tanto dificulta la consecución de las metas comunes. Pensemos por un momento lo que sucedería si en una intervención quirúrgica ningún integrante del equipo médico supiera qué tiene que hacer ni qué normas seguir, y nos daremos cuenta de las consecuencias que puede llegar a tener la desorganización. Aunque no seamos plenamente conscientes, muchos de los problemas relacionados con el trabajo en equipo tienen su origen en una organización deficiente.

Por el contrario, una buena organización del trabajo en grupo proporciona la estabilidad y la arquitectura necesaria para focalizar el esfuerzo en la consecución de los objetivos comunes. También permite sacar el mejor partido del talento individual y colectivo, al favorecer que cada integrante del equipo haga lo que mejor sabe hacer. Además, favorece el aprendizaje y la mejora al crear un clima de entendimiento y participación. Y, por supuesto, potencia el trabajo en conjunto al crear las condiciones que promueven la comunicación y la colaboración productiva.

Para organizar al grupo humano que lideras, el primer paso que tendrás que dar es decidir el destino que marcará el camino a seguir. Esto es fundamental, ya que, sin una orientación clara ni un objetivo concreto, no será posible diseñar la estructura del equipo ni aunar los esfuerzos colectivos. El segundo es definir los roles que tendrán que desempeñar los miembros del grupo, roles que si están bien definidos harán posible llegar al destino deseado con garantías de éxito. El tercer paso es concretar las reglas del juego que definirán las normas del funcionamiento colectivo y las consecuencias que acarreará su incumplimiento. Estos tres aspectos son clave para organizar cualquier equipo y conseguir que la actividad que desarrolla cumpla con un propósito. Veamos por qué.

Tener claro lo que se quiere conseguir es básico para cualquier colectivo, ya que de esta manera se sentarán las bases de su funcionamiento. Para que un objetivo sirva para organizar al equipo debe cumplir con tres condiciones esenciales. La primera es que debe tener un significado para el grupo y suponer un desafío por el que crea que merece la pena esforzarse. La segunda condición es que debemos disponer del capital humano, económico y tecnológico necesario para conseguirlo. La tercera y última es que, para aumentar la probabilidad de lograrlo, es muy recomendable que sea aceptado por el grupo, pues de esta manera lo sentirán como propio y, como resultado, aumentarán su nivel de implicación.

El siguiente punto es asignar los roles que maximicen el desempeño, el aprendizaje y la probabilidad de conseguir las metas. Normalmente, cuando compartimos un proyecto y no sabemos con claridad qué tenemos que hacer ni cuáles son las responsabilidades que tenemos que asumir, tendemos a trabajar muy por debajo de nuestro potencial y, además, nos sentimos mal. Como seres humanos llevamos fatal la incertidumbre que genera el no saber qué papel jugamos dentro del equipo ni qué se espera de nuestra aportación.

Por esta razón, diseñar y asignar roles es una actividad clave que tendrás que realizar para organizar al conjunto que lideras. Evidentemente, sin olvidar la importancia de relacionar esos roles con las competencias, los conocimientos, la experiencia y la formación de cada una de las personas que lo integran.

Por último, las reglas del juego se encargarán de establecer las normas básicas de funcionamiento del conjunto, favoreciendo los comportamientos que se crean positivos y penalizando los que se consideren perjudiciales. Para que cumplan con su función, su número debe ser limitado, su redacción debe ser precisa y deben ser comprendidas por el grupo al que van dirigidas. Para que las reglas del juego favorezcan la convivencia dentro del equipo y ayuden a que funcione mejor, tendrán que ser coherentes con los valores que lo sostienen, potenciar el trabajo colectivo y proporcionar estabilidad. También deberán cumplirse y, en caso de no hacerlo, tener unas consecuencias claras y aplicables, ya que, de otra manera, no servirán para nada.

Durante mi carrera como consultor profesional he podido comprobar que uno de los mayores problemas que tienen numerosas empresas es su mala organización. Algunas tienen impresionantes organigramas donde especifican jerarquías, áreas funcionales, zonas geográficas, etc. Otras dicen tener el organigrama en algún manual corporativo que no logran encontrar, mientras algunas más no tienen ningún documento que especifique mínimamente cómo están estructuradas. Sin embargo, el común denominador siempre es el mismo: un funcionamiento deficiente, con todo lo que implica a nivel interno y externo.

Es importante que entiendas que cuando organizas adecuadamente a tu equipo:

— Lo preparas para colaborar de manera productiva.
— Focalizas la energía colectiva en la consecución de las metas comunes.
— Clarificas el rol que tiene que desempeñar cada uno de sus miembros al especificar quién hace qué y qué responsabilidades tiene sobre lo que hace.

— Potencias el talento al asignar los roles que cada uno puede desempeñar mejor.
— Sientas las bases para que el grupo se coordine y comunique correctamente al saber cómo está estructurado y organizado el trabajo en equipo.
— Haces el mejor uso posible de los recursos de los que dispones.
— Puedes saber el origen de los errores o los problemas que surjan y, por lo tanto, establecer las medidas correctoras y preventivas que permitan corregir y evitar su repetición.
— Evitas los conflictos relacionados con la desorganización y la no asignación de responsabilidades.

No olvides que al organizar al grupo humano que lideras, aumentas la probabilidad de conseguir los objetivos que os habéis marcado mientras sientas las bases de una convivencia enriquecedora. Y que de tu talento como líder depende que el equipo, una vez organizado, muestre todo su potencial.

Lección 18

«La organización de un equipo exige un objetivo que especifique claramente qué se pretende lograr y ayude a definir cómo hay que organizarse para conseguirlo. También que se establezcan los roles que hay que desempeñar y quién los tiene que ejecutar para aumentar la probabilidad de obtener los resultados previstos. Y, por último, precisa de unas reglas del juego que hagan posible la convivencia y favorezcan las conductas que beneficien al conjunto.»

LECCIÓN 19
UN AMBIENTE MOTIVANTE

«Únicamente los grandes líderes entienden que la motivación del equipo empieza en el ambiente que se respira en su interior.»

Uno de los tesoros más buscados y deseados del liderazgo se encuentra en una isla remota que no aparece en los mapas convencionales. Mucha gente ha zarpado en su búsqueda, pero únicamente un número reducido de privilegiados han encontrado la ruta que conduce al destino codiciado. El nombre de la isla es MOTIVACIÓN y si decides acompañarme, recorreremos juntos el trayecto que nos llevará a descubrir el anhelado tesoro. Solo te pido que pongas atención y abras tu mente a nuevas experiencias y aprendizajes, ya que, para aprender a motivar, primero tendrás que estar dispuesto a cuestionar muchos de los prejuicios que sostienen tu idea de la motivación humana. Iniciemos el viaje.

Si te preguntara qué significa estar motivado probablemente responderías que es tener un motivo o una razón importante para hacer algo. Como respuesta convencional es correcta, pero si hablamos de liderazgo y trabajo en equipo es una definición que se queda muy corta. Una definición que para que exprese su significado real, tenemos que matizar y desarrollar.

Para mí, la motivación es algo que se experimenta y se siente porque forma parte inseparable del ambiente en el que se desarrolla el trabajo en equipo. Es como el aire que se respira cuando estamos en la naturaleza y no hay signos de contaminación: nos revitaliza y da energías. Es una fuerza que, a pesar de ser invisible, nos hace sentir bien.

Crear un ambiente motivante no significa que todo el mundo vaya a estar motivado en todo momento. Sencillamente porque los estados de ánimo son cambiantes y hay días que nos sentimos mejor que otros. Lo que significa es que el entorno en el que se desarrolla la tarea colectiva favorece las ganas de hacer, de progresar y de trabajar con entusiasmo para conseguir los objetivos comunes.

No hay líder que conozca que no busque con interés la fórmula para motivar a su equipo. En la empresa, el deporte, la educación o la familia, la pregunta siempre es la misma: ¿cómo puedo motivar al grupo que lidero?

Pues bien, lo primero que tienes que hacer es asumir tu responsabilidad como líder y dejar de culpar al equipo de su falta de motivación. Vivimos en un mundo en el que es muy común achacar a la falta de interés de la gente lo que en realidad es una incompetencia del líder. Y por mucho que nos libere de la culpa, esta justificación no soluciona el problema de fondo: la ausencia de una motivación que empuje con fuerza al equipo hacia sus objetivos.

En este sentido, es frecuente escuchar expresiones que, aunque en el fondo son excusas, se utilizan para descargar de responsabilidad a los líderes que no encuentran la fórmula mágica para conectar con el grupo y motivarlo. Por ejemplo, cuando se asegura que «la gente joven que se incorpora al mundo laboral únicamente piensa en su bienestar y no quiere implicarse en la dinámica colectiva». Cuando se afirma que «los niños que practican deporte en la actualidad no tienen ningún interés por aprender ni esforzarse para mejorar», o cuando se asevera que «es imposible implicar a los alumnos en su propia educación porque no prestan atención ninguna».

No caemos en la cuenta de que, en realidad, muchas de las herramientas que se han utilizado y se utilizan para lograr la motivación que tanto se desea lo que realmente hacen es desmotivar. Así, la fijación excesiva en los resultados, las expectativas demasiado elevadas, el miedo al castigo, la desconsideración o la culpa son grandes desmotivadores que se utilizan con demasiada frecuencia cuando se lidera[1].

Cómo liderar está íntimamente relacionado con motivar, las excusas sobran. En este caso, lo que se hace imprescindible es un esfuerzo consciente que te permita lograr una de las metas más importantes que puedes conseguir en la dirección de personas: convertirte en un líder que inspire y motive.

Para conseguirlo, lo primero que debes entender es que tienes a tu disposición una de las herramientas más potentes que existen para motivar a cualquier ser humano: su profundo deseo de pertenecer a un colectivo con el que sentirse identificado. Somos seres sociales y nacemos con la necesidad de compartir un destino común con otras personas, y esta singularidad debería guiarte por el camino del liderazgo auténtico.

Por tanto, si quieres construir un equipo realmente motivado haz todo lo necesario para que cada una de las personas que lo forman se sienta integrada, aceptada y respetada. Simplemente porque cuando alguien se identifica con el grupo al que pertenece y su dinámica fomenta la complicidad y el compañerismo, la motivación florece con naturalidad, sentando las bases de un ambiente que invita a dar lo mejor de uno mismo por convicción.

Si no me crees, solo tienes que pensar en los equipos a los que admiras cuando los ves en acción. ¿Qué les caracteriza?, ¿la pasión por afrontar juntos los desafíos o que cada uno de sus integrantes actúe de manera egoísta?, ¿el deseo de lograr el objetivo común o la riña permanente y los malentendidos?, ¿la valentía cuando hay que asumir ciertos riesgos o el miedo a cometer errores?

Entonces, para sentar las bases de la motivación colectiva, incrementar los niveles de implicación y, como resultado, asentar un verdadero sentimiento de pertenencia, tendrás que:

— Crear un ambiente en el que cada una de las personas que integran tu equipo pueda expresarse con la certeza de que no será castigada, penalizada ni puesta en evidencia. Este ambiente al que denominamos de seguridad psicológica es un pilar esencial para compartir ideas novedosas, aprender de los errores, debatir abiertamente sobre la evolución de los nuevos proyectos o expresar cualquier sugerencia que pueda ayudar a resolver problemas o establecer mejoras. De lo que se trata es de construir un entorno de trabajo en el que la gente se sienta segura y la información fluya con naturalidad.

— Fomentar que cada una de las personas que forman el conjunto participe en su dinámica de manera activa. Recuerda que permitir que la gente se exprese con libertad sintiéndose integrada y segura es un pilar básico para su motivación. También que se la invite a participar en la dinámica colectiva y que sus opiniones sean tenidas en cuenta. El objetivo es demostrar la confianza que tienes en el equipo, incrementar los niveles de motivación y, como resultado, aumentar los niveles de implicación y asentar un fuerte sentido de pertenencia.

Un ambiente estimulante es clave para construir equipos motivados y con ganas de desarrollar su potencial, ambiente que únicamente podrás crear si asumes tu responsabilidad como líder, utilizas todo el talento del que dispones y confías en las personas que lideras.

Lección 19

«Aunque no se puede ver ni tocar, si existe de verdad, la motivación es algo que se vive y se siente cuando se colabora en busca de un propósito común. Para hacer posible esa vivencia y ese sentimiento, deberás crear un ambiente de trabajo en el que la gente pueda expresarse y aportar ideas con la seguridad de que no será penalizada, pueda participar activamente en la dinámica grupal y, como consecuencia, sienta que pertenece a un verdadero equipo.»

LECCIÓN 20
LA MOTIVACIÓN DEL EQUIPO

«El arte de motivar está reservado para los líderes que creen en el poder de la conexión con el equipo.»

Crear un ambiente en el que la gente pueda expresarse con libertad, participe activamente en la dinámica colectiva, se implique y, como consecuencia, sienta que pertenece a un grupo por el que merece la pena esforzarse es un paso necesario para construir un equipo motivado, aunque, como veremos a continuación, no es el único que hay que dar.

Para seguir profundizando en el arte de motivar personas debemos entender primero, interiorizar después y combinar finalmente los dos tipos básicos de motivación humana que existen: la intrínseca y la extrínseca. De esta manera sabremos qué hacer para motivar positivamente al conjunto que lideramos.

Definimos motivación intrínseca como aquella que nace en el interior de cada persona cuando realiza con autonomía tareas que le resultan satisfactorias y que ejecuta con habilidad. Si queremos tener claro qué es la motivación intrínseca, pensemos en el maestro escultor que, después de un largo proceso de aprendizaje y perfeccionamiento, diseña con ingenio e ilusión, ejecuta con autonomía y pasión, y concluye con verdadera satisfacción cada una de las obras que realiza.

Por otra parte, la motivación extrínseca se origina en el exterior de cada individuo y sirve como estímulo para realizar tareas o lograr metas. Por ejemplo, cuando se reconoce públicamente el esfuerzo que alguien ha realizado o se le ofrece una recompensa si obtiene un resultado previamente establecido.

Para liderar, deberás aprender a sentar las bases para que la motivación intrínseca forme parte de la dinámica de tu equipo, mientras utilizas los estímulos externos (motivación extrínseca) para que las personas que lideras den lo mejor de sí mismas. A continuación, te indico los seis factores motivantes que lo harán posible. Te pido por favor que prestes atención:

El primer factor motivante es el objetivo que se pretende conseguir. Para trabajar en equipo, tener un propósito que dé sentido al esfuerzo que se va a realizar es esencial. Para que este propósito resulte realmente estimulante, debe suponer un desafío para el grupo que lideras. Las metas demasiado exigentes son una fuente potencial de estrés y frustración, ya que por mucho que se esfuerce el equipo, no se lograrán. Por el contrario, las metas poco ambiciosas suelen generar dejadez y desinterés, ingredientes básicos de la desmotivación colectiva. En este caso, lo importante es establecer un objetivo que suponga un reto, que tenga sentido para el equipo y que se sienta capacitado para lograrlo.

El segundo factor es el reconocimiento de los esfuerzos. Como líder, es importante que entiendas que esforzarse tiene un altísimo valor en sí mismo y que este valor es independiente del resultado que finalmente se llegue a obtener. Cuando reconoces el esfuerzo, motivas al individuo y garantizas que se siga esforzando. Te recuerdo que a las personas nos encanta el reconocimiento y que este es una de las mayores retribuciones que podemos obtener. Básicamente porque activa los centros de recompensa del cerebro[2], aumenta la autoestima y nos hace sentir bien. Además, cuando reconoces el interés por mejorar y el esfuerzo por intentar conseguir las metas, creas un vínculo de respeto y consideración con cada uno de los integrantes del conjunto, vínculo que favorece la mejora continua.

El tercero es la valoración de los buenos resultados y la aceptación de los fracasos. Celebrar el triunfo con entusiasmo y valorar el éxito grupal una vez se han logrado los objetivos es una gran fuente de motivación. Además, culmina el sacrificio colectivo de la forma más positiva posible y asegura que en el futuro el grupo que lideras se volverá a esforzar por lograr las metas. Con este mismo espíritu, aceptar el fracaso con humildad, educación y naturalidad es la mejor forma de aprender de los errores cometidos y prepararse para lograr los éxitos del futuro. Sin duda, entender que el primer paso para lograr la victoria es aceptar la derrota es una muestra de sabiduría y fortaleza mental.

El cuarto factor motivante es la autonomía que proporcionas al grupo que lideras para que utilice todo su potencial y todo su talento de la forma más efectiva posible. El objetivo es claro: utilizar todos los medios disponibles para lograr los objetivos comunes. Además, cuando delegas y das autonomía, demuestras la confianza que tienes en tu equipo. Por cierto, confianza que es esencial para aumentar la motivación, fortalecer la autoestima y, como resultado, incrementar el nivel de autoexigencia colectiva. De igual modo, proporcionar autonomía es una fórmula realmente eficaz para conseguir que cada uno de los integrantes del grupo se responsabilice de sus acciones y de los resultados que obtiene y tiene que obtener, elementos clave para trabajar en equipo con sentido y determinación.

Pero para que la autonomía juegue un papel relevante en la motivación del equipo, debe basarse en el quinto factor motivante: el dominio de las tareas que se van a realizar. Cuando no tenemos la suficiente destreza como para desempeñar el rol que tenemos asignado, el desconocimiento, la inexperiencia y el miedo a cometer errores nos llevarán por el camino de la inseguridad y la desmotivación. Por esta razón, tener las competencias, los conocimientos y la experiencia que nos permitan dominar el rol que jugamos en el equipo y realizar las tareas con pericia es clave para sentirnos motivados. Esta circunstancia no está reñida con el deseo de aprender y mejorar permanentemente, debido a que lo único que pretende es poner el acento en la íntima relación que tiene que existir entre autonomía y dominio de la materia[3].

Por último, el sexto factor motivante está relacionado con la importancia que tiene para la motivación humana ver el resultado del trabajo que hemos desarrollado. En primer lugar, porque cuando empezamos y terminamos una tarea a la que le dedicamos toda nuestra atención, solemos establecer un vínculo emocional con el producto que acabamos obteniendo. Los seres humanos hemos desarrollado un fuerte sentido de la propiedad que nos lleva a sentir como propio el resultado de lo que hacemos. En segundo lugar, porque empezar y finalizar una actividad nos empuja con energía a esforzarnos para que el resultado sea el mejor posible.

La motivación es básica para colaborar. Es la fuerza que empuja al colectivo hacia los objetivos que quiere conseguir. Es la energía que activa el deseo genuino de luchar por el propósito del equipo. Es la magia que, como líder, estás obligado a crear.

Lección 20

«Para motivar al conjunto que lideras tendrás que establecer un objetivo que resulte estimulante y sea realizable. Deberás reconocer los esfuerzos individuales y colectivos. Estarás obligado a valorar y celebrar los éxitos y a aceptar los fracasos. Deberás proporcionar la autonomía que corresponda con el nivel de destreza de cada componente del equipo. Y, por último, tendrás que hacer posible que vean el resultado del trabajo que cada uno ha realizado.»

LECCIÓN 21
UN CAMBIO IMPRESCINDIBLE

«La gestión del cambio demanda inteligencia para convencer, determinación para hacer y templanza para consolidar.»

Si miramos al pasado con curiosidad y ganas de aprender, nos daremos cuenta de lo mucho que han cambiado las cosas desde que empezamos esa fascinante aventura llamada evolución. Si en vez de mirar hacia atrás, pensamos en el futuro y nos dejamos llevar por la imaginación, entenderemos lo mucho que nos queda por evolucionar. Sin embargo, cambiar nos produce vértigo.

Para averiguar por qué nos cuesta tanto modificar costumbres, rutinas diarias o comportamientos a pesar de que llevamos adaptándonos al entorno desde hace millones de años, te invito a que te sumerjas conmigo en lo más profundo de la mente humana, y descubramos juntos qué razones hay detrás de lo que hemos acabado denominando «resistencia al cambio». Si prestas atención lo comprenderás:

El cerebro está diseñado fundamentalmente para garantizar la supervivencia. Para conseguir este increíble objetivo, la mayor parte de la energía de la que dispone la invierte en captar cualquier amenaza del entorno que pueda suponer un peligro para nuestra vida. Aunque no seas consciente, en este momento tu cerebro está muy atento a todo lo que pasa a tu alrededor con el propósito de salvaguardar tu integridad física y emocional. Por esta razón, cuando entras en una habitación que está totalmente a oscuras y aunque sepas que estás en casa de un familiar, se agudizan todos tus sentidos y tu cuerpo se pone en estado de alerta. Sin apenas darte cuenta, el principal mecanismo de supervivencia se ha activado en una situación aparentemente inofensiva.

La forma más eficiente de conseguir que el cerebro cumpla con su misión y nos mantenga con vida en un mundo en el que la incertidumbre juega un papel esencial, es convirtiendo gran parte de nuestros comportamientos en hábitos y rutinas. Básicamente porque de esta manera haremos muchas de las actividades diarias de forma inconsciente y ahorraremos una gran cantidad de energía cerebral, energía que destinaremos a tareas relacionadas con la supervivencia. Por tanto, la primera causa de la resistencia al cambio la encontramos en los hábitos y rutinas, que, aunque se originan en el inconsciente, tienen una enorme influencia sobre cómo nos comportamos.

Una segunda causa reside en la tendencia que tiene el cerebro a interpretar los riesgos como altamente probables y las oportunidades únicamente como posibles, tendencia que nos lleva a sobredimensionar los aspectos negativos de una situación en detrimento de los positivos. Pensemos en los peligros a los que nos hemos enfrentado a lo largo de la evolución y nos daremos cuenta de la importancia que ha tenido para sobrevivir estar permanentemente en estado de alerta. Sin duda, cuando notábamos una presencia detrás de una roca o veíamos que se movía un arbusto en la proximidad de un río, lo último en lo que pensábamos era en que fuera un miembro de una tribu amiga que venía a proveernos de compañía y buenos alimentos.

Entonces, si estamos diseñados para invertir gran parte de nuestros recursos mentales en actividades relacionadas con la supervivencia, ¿qué pasará cuando queramos introducir un cambio importante en nuestras vidas? Pues bien, lo que pasará es que en numerosas ocasiones el cerebro se resistirá con intensidad. Primero generando estrés, ansiedad, inquietud y desasosiego como respuesta ante el hecho de dejar de invertir la energía cerebral en la detección de peligros, y pasar a hacerlo en las actividades relacionadas con la adaptación a la nueva situación. Por ejemplo, cuando se nos propone un cambio importante en el trabajo que implica horarios distintos, compañeros diferentes y un proceso intenso de aprendizaje. Segundo, haciéndonos creer que cambiar será negativo para nuestros intereses. Por ejemplo, cuando pensamos que la oportunidad que nos brindan en el trabajo acabará siendo perjudicial para nuestro futuro profesional. Y, a decir verdad, conozco a pocas personas que estén dispuestas a afrontar un proceso de transformación con ganas e ilusión, sintiéndose mal a nivel anímico y pensando que la situación futura va a ser peor que la que tienen en la actualidad.

Por tanto, la próxima vez que tengas que liderar un cambio importante, acuérdate que la resistencia que mostrará tu equipo no será un acto de deslealtad ni de egoísmo, sino su respuesta natural ante la incertidumbre que genera el no saber cuál será el resultado final de ese proceso.

Si la gestión del cambio es uno de los grandes desafíos del liderazgo, ¿qué puedes hacer para preparar al equipo para la reinvención, la mejora o la aplicación práctica de nuevos aprendizajes y conocimientos? ¿Qué puedes hacer para que abracen el cambio como una oportunidad y no lo vean como un peligro que amenaza su integridad y su bienestar? En definitiva, ¿qué puedes hacer para vencer la resistencia al cambio que tantos problemas genera? La respuesta es tan sencilla como difícil de aplicar, pues el objetivo es crear una cultura que fomente la innovación, promueva la experimentación e incentive positivamente a cambiar, para lo cual deberás actuar con sentido, criterio y determinación.

— Primero, concienciando a tu equipo de las ventajas de progresar y crecer. La estabilidad es clave para el ser humano y su desarrollo. De hecho, es una de las señales que indican que la supervivencia en cierta medida está garantizada. Pero el aprendizaje y la mejora están íntimamente relacionados con el cambio. También la modificación y la transformación de las cosas que no funcionan. Por esta razón, concienciar a tu equipo de la necesidad de equilibrar estabilidad y cambio es fundamental para su desarrollo.

— Segundo, viviendo experiencias novedosas. Para salir de la rutina y la monotonía y abrir la mente a la innovación puede ser muy interesante proporcionar actividades que favorezcan el espíritu emprendedor y la experimentación. Por ejemplo, disfrutando de actividades en la naturaleza con los compañeros de trabajo o aprendiendo a desempeñar roles diferentes en la propia empresa o en otro tipo de ámbitos (deportivo, educativo...). En cualquier caso, de lo que se trata es de enriquecer conocimientos, vivir nuevas experiencias y, en último término, ampliar la zona de confort[4].

— Tercero, permitiendo la participación del equipo en el proceso de transformación. Cuando los cambios vienen impuestos sin atender a razones, la resistencia es mayor, ya que en cierta medida nos sentimos atacados y excluidos del grupo. Por esta razón, permitir que la gente participe y haga aportaciones al cambio aumentará su grado de vinculación con el resultado final del proceso. Aunque no siempre es posible y depende muchas veces de las circunstancias que hay que afrontar o de las decisiones que hay que tomar, la participación favorece los cambios.

— Cuarto, siendo un ejemplo como líder. Cuando eres el primero en cambiar y en tomar la iniciativa, das ejemplo e invitas a que los demás integrantes del equipo se comporten de la misma manera. Entonces las excusas desaparecen y la transformación se hace realidad.

Liderar y trabajar en equipo es un proceso de cambio permanente, un proceso que bien desarrollado proporcionará unos extraordinarios beneficios, un proceso que, a través del compartir, del sentir y del vivir, nos transformará de verdad. De ti depende gestionarlo con maestría.

Lección 21

«Liderar está íntimamente relacionado con cambiar, ya que los objetivos y las actividades que dan contenido al trabajo en equipo suelen sufrir importantes modificaciones a lo largo del tiempo. Podríamos decir que mientras la planificación identifica el trayecto que hay que recorrer para llegar al destino, la flexibilidad que proporciona el cambio permite adaptarse a las características concretas del camino. Por esta razón, gestionar el cambio es una competencia que ineludiblemente tendrás que desarrollar si quieres liderar con tino.»

LECCIÓN 22
RESOLVIENDO LOS CONFLICTOS

«Para liderar una situación conflictiva se necesita valor para afrontarla, conocimiento para gestionarla y maestría para resolverla.»

El conflicto es inherente al ser humano. Tanto como la negociación y el acuerdo. Por esta razón, no hay que verlo como algo negativo que conduce inevitablemente al fracaso, sino como una variable más que hay que tener en cuenta cuando se lidera un equipo. Desgraciadamente, tendemos a ver este tipo de situaciones como problemas que no tienen solución.

Esta forma de entender la interacción humana nos condiciona de manera extraordinaria cuando tenemos que afrontar situaciones en las que prima el desacuerdo. En este caso, la lógica es tan simple como efectiva: si un problema no tiene solución, para qué tratar de buscarla. Este tipo de razonamientos se utilizan con frecuencia cuando hay un «prejuicio» que explica de manera convincente por qué la gente se comporta como lo hace en determinadas situaciones. Por ejemplo, cuando los directivos de una empresa piensan que los empleados solo miran por sus intereses, o cuando los empleados creen que los directivos únicamente piensan en los resultados. Pero te recuerdo que un «prejuicio» es un atajo que tomamos para explicar de manera sencilla y fácil de entender un fenómeno complejo, y que, por lo tanto, es altamente probable que la explicación no sea correcta y nos conduzca a una interpretación errónea de la realidad.

Entonces, ¿qué entendemos por conflicto? Pues bien, un conflicto es una situación en la que una o más personas no llegan a un acuerdo, aunque sea necesario para trabajar de manera conjunta. Por ejemplo, cuando hay que asignar los roles de un proyecto y nadie acepta el que le corresponde porque se siente perjudicado, o cuando un grupo de entrenadores no se pone de acuerdo para desarrollar una metodología de trabajo compartido, porque cada uno cree que la suya es la que tiene que prevalecer sobre la del resto.

También consideramos conflictivos a los malentendidos que tienen el potencial de enquistarse si no se actúa a tiempo. Por ejemplo, cuando alguien cree que ha sido criticado injustamente y en vez de comunicar su disgusto y pedir una aclaración, se lo guarda para sí mismo como un agravio que no perdonará jamás.

En cualquier caso, los problemas que se consideran irresolubles y que afectan a la relación entre las personas que forman el conjunto tienen el potencial de acabar con su dinámica positiva, independientemente de que haya posibilidades reales de llegar a acuerdos.

Hace tiempo que tengo claro que la mejor forma de revolver una situación conflictiva es evitando su aparición. ¿Cómo? Construyendo una dinámica que tenga como base la participación grupal, la comunicación asertiva, la seguridad psicológica, la empatía, la confianza, el respeto y la complicidad. Sin lugar a duda, una dinámica así tiene el potencial de minimizar las situaciones conflictivas y permitir que, cuando sucedan, se conviertan en una experiencia de la que únicamente hay que aprender. Pero no podemos olvidar que por mucho empeño que pongamos, los conflictos existen y existirán y que, por tanto, habrá que afrontarlos con estoicidad y determinación.

Como líder, uno de los desafíos más importantes que tendrás que superar es resolver los conflictos que inevitablemente se producirán en el seno del conjunto que lideras. En primer lugar, para lograr que afecten lo mínimo posible a las relaciones del equipo y evitar que dañen el vínculo que lo mantiene unido. En segundo lugar, para que una vez resueltos, contribuyan en lo posible a la mejora y el aprendizaje colectivo. En tercer lugar, para evitar que las situaciones conflictivas se conviertan en la norma y no en la excepción. Una de las enseñanzas más importantes que he aprendido de este tipo de situaciones es que, si no se resuelven de manera adecuada y a tiempo, la herida no hará más que empeorar hasta afectar a todo el organismo.

Mi experiencia me dice que las situaciones conflictivas demandan sabiduría en su gestión y maestría en su resolución. Lo vivo en el deporte, en la empresa y en la familia, y la conclusión a la que llego siempre es la misma: para resolver un conflicto la labor del líder es esencial. Primero para actuar desde la razón y segundo para encontrar la mejor solución, para lo cual tendrás que:

— Buscar las causas que han provocado el conflicto. Básicamente porque la forma más eficaz de enfrentarse a una situación conflictiva y encontrar la mejor solución posible pasa necesariamente por averiguar los motivos que la han provocado. En este caso, no debes dejarte llevar por simples suposiciones, sino averiguar las causas reales.

— Decidir qué hacer para resolver el conflicto. Una vez has averiguado las causas, el siguiente paso es buscar las opciones que permitan solucionar la situación conflictiva desde la raíz. Para desarrollar esta etapa del proceso puede ser necesario contar con la participación de las personas directamente implicadas en el problema. También de aquellas que conozcan la situación y puedan ayudar a encontrar la mejor solución posible.

— Adquirir un fuerte compromiso con la solución adoptada. Una vez decidido y acordado qué hacer, lo único que queda es actuar con determinación para resolver la situación y evitar en lo posible que se repita en el futuro. Para que la gestión llegue a buen fin será imprescindible observar el desarrollo de los compromisos adquiridos y garantizar que las medidas adoptadas han sido implementadas y son eficaces.

Si tienes la determinación, la voluntad y la destreza que demanda el liderazgo genuino, al resolver una situación conflictiva de manera satisfactoria solucionas un problema, aumentas tu autoconfianza, refuerzas tu rol como líder y das a entender al grupo que el desacuerdo y la falta de entendimiento no serán un impedimento para lograr los objetivos comunes. Simplemente, porque tendréis la certeza de que, cuando surjan los conflictos, seréis capaces de resolverlos.

Lección 22
«El líder competente sabe que el buen funcionamiento de un equipo no depende de que nunca haya conflictos, sino de que, cuando surjan, se resuelvan correctamente. Por eso, cuando llegue el momento y todo parezca venirse abajo, averigua qué ha provocado la situación conflictiva, busca la mejor solución de todas las posibles y garantiza que se aplican las medidas acordadas.»

PARTE QUINTA
EL LEGADO

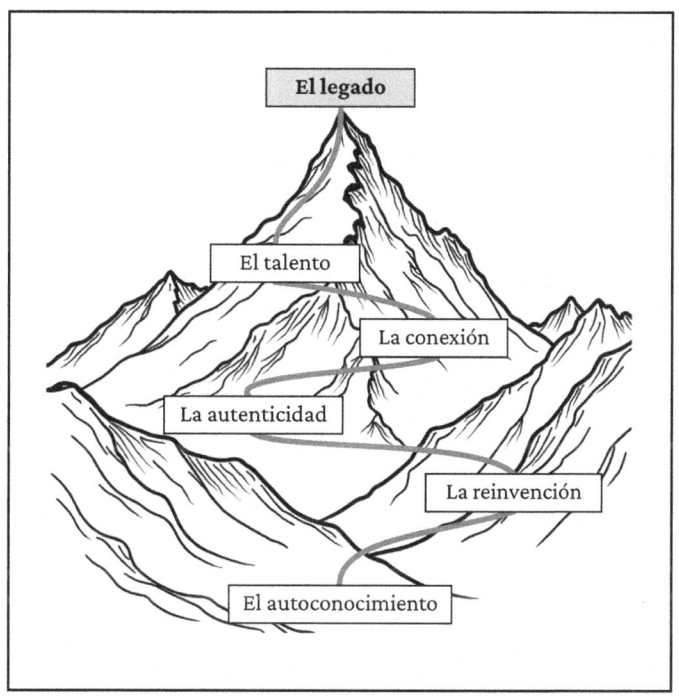

El legado

El talento

La conexión

La autenticidad

La reinvención

El autoconocimiento

LECCIÓN 23
CARÁCTER Y RESILIENCIA

«El carácter de un líder se mide por su capacidad para hacer creer al equipo que, a pesar de las dificultades, se puede conseguir el objetivo.»

Liderar cuando todo va bien y el equipo avanza con decisión hacia las metas que se han propuesto puede resultar relativamente fácil. En estos casos, las pequeñas victorias que se van obteniendo a lo largo del camino y el buen ambiente que se respira en el interior del conjunto suelen fortalecer la labor del líder, reforzar la autoestima colectiva y potenciar la cohesión grupal. Cuando esto sucede, no hay objetivo que parezca inalcanzable ni reto insuperable.

Sin embargo, la vida está llena de situaciones que por mucho que nos parezcan injustas, no podremos evitar. Situaciones que por mucho que sean inesperadas, no podremos ignorar. Situaciones que por mucho que queramos ocultar, tendremos que afrontar. El trabajo en equipo es una carrera de obstáculos que, si queremos superar, deberemos recorrer con determinación y paso firme.

Como líder, es esencial que entiendas que tarde o temprano las dificultades aparecerán. También que estar preparados para hacerles frente con estoicidad es una de las tareas más importantes que tendrás que realizar y una de las responsabilidades más relevantes que tendrás que asumir. Recuerda que el liderazgo está íntimamente relacionado con la gestión de la adversidad y que esta singularidad deberá ayudarte a fortalecer tu carácter y a actuar con determinación cuando las circunstancias lo demanden.

A lo largo de mi vida he visto a numerosos equipos que cuando las cosas iban bien, eran prácticamente invencibles. La unión y la química que mostraban cuando conseguían sus objetivos era admirable. El problema surgía cuando las dificultades hacían su aparición y la capacidad de resistencia colectiva se venía abajo por completo. Fundamentalmente, por la incapacidad del líder para afrontar esos momentos con entereza y resolución.

Por esta razón, la confianza que transmitas y la determinación que muestres cuando todo parezca ir mal serán esenciales para hacer creer al grupo que lideras que, a pesar de los obstáculos y las dificultades que puedan surgir, todavía hay posibilidades de lograr los objetivos comunes.

En ningún caso se trata de convencer al equipo de que puede superar retos imposibles o lograr metas inalcanzables, sino de mostrarte como una persona que se crece ante la adversidad y que tiene el firme propósito de potenciar la resiliencia colectiva mediante la actitud y el buen ejemplo. Entre otras cosas, porque una de las mayores responsabilidades que tiene cualquier líder es fortalecer la autoestima colectiva para que el equipo pueda hacer frente a los desafíos con la firmeza y la confianza del que cree que las dificultades fortalecen el aprendizaje y enriquecen la experiencia.

También porque, aunque no sea posible superar los obstáculos ni conseguir los objetivos, habrá determinadas enseñanzas que aprenderán como resultado de tu actitud y determinación como líder. Enseñanzas que te agradecerán con efusividad y los acompañarán durante toda su vida:

— La primera enseñanza es la que dice que por muy mal que se pongan las cosas, rendirse no es la mejor opción, ya que solo puede empeorarlo todo. Nunca he visto a un equipo que después de arrojar la toalla, mejore el rendimiento. En cambio, he conocido a equipos que, luchando hasta el final con todo en contra, se ganaban el respeto del rival, reforzaban su autoconfianza y fortalecían su identidad colectiva. Y esto tiene un enorme valor.

— La segunda es la que sostiene que mantener una actitud positiva y resiliente en los momentos de mayor dificultad fortalece el carácter del equipo y lo prepara para las victorias del futuro. Cuando un colectivo se acostumbra a competir contra la adversidad, acaba siendo invencible. Simplemente porque a nivel mental dejan de afectarle los malos resultados, aprende a utilizar toda su energía para superar las situaciones complicadas y despliega su talento para lograr lo que se ha propuesto.

— La tercera enseñanza es la que afirma que, para convertirse en un equipo ganador, lo primero que hay que hacer es perder el miedo al fracaso y a la derrota. No hay conjunto que pueda desarrollar todo su potencial si el temor es la base sobre la que se construye su motivación. El miedo acaba con la iniciativa y la confianza y esta situación afecta seriamente a la capacidad para enfrentarse a los problemas y a los contratiempos. En cambio, cuando el temor desaparece, el aprendizaje, la seguridad y la determinación florecen con naturalidad.

Recuerda que los líderes que inspiran cuando las cosas van mal, fortalecen al equipo y consiguen mejores resultados. Son los líderes que, ante la adversidad, sacan lo mejor de sí mismos. Son los líderes que, a pesar de la incertidumbre, motivan al equipo con entusiasmo. Son los líderes que, en los momentos de dificultad, son capaces de mirar a los ojos y empatizar con el grupo humano que lideran. En definitiva, son los líderes que cuando las cosas se ponen difíciles, convencen al equipo de las fortalezas que atesora.

Cuando todo parece estar perdido y alguien nos hace creer que todavía se puede conseguir el objetivo, nos muestra su valor como ser humano y su carácter como líder.

Lección 23

«Tu verdadero carácter como líder emergerá con fuerza cuando convenzas al equipo de que luchar hasta el final es la mejor opción de todas las posibles, cuando le demuestres que la actitud y la resiliencia son esenciales para afrontar los momentos de dificultad y cuando le asegures que perder el miedo a la derrota es el primer paso para poder ganar. Únicamente así, la adversidad se convertirá en una fuente de mejora y aprendizaje.»

LECCIÓN 24
LA PROTECCIÓN DEL EQUIPO EN LOS MOMENTOS DE DIFICULTAD

«Si no proteges a tu equipo cuando más lo necesita, no eres la persona adecuada para liderarlo.»

Aunque pueda resultar paradójico, en multitud de ocasiones olvidamos que los equipos están formados por personas. Por cierto, personas que son plenamente conscientes de las cosas que pasan a su alrededor y dan mucha importancia a todo lo que sucede en el interior del grupo al que pertenecen.

Sin temor a equivocarme, te puedo asegurar que uno de los errores más graves que podrás cometer cuando ejerzas tu labor como líder es pensar que a la gente le da igual lo que le pase al equipo y que al único que le interesa que todo funcione bien es a ti. Entre otras cosas, porque aparte de no ser cierto, condicionará negativamente la relación que mantengas con el conjunto que lideras y se convertirá en uno de los peores prejuicios que podrás desarrollar.

Si prestamos atención a cómo interpretamos la realidad, nos daremos cuenta de la enorme influencia que tienen las creencias sobre nuestra conducta y la idea que nos hacemos del mundo. De tal manera que si creemos con firmeza que a nadie le importa el futuro del proyecto común porque únicamente piensa en sus intereses particulares, actuaremos de una forma muy diferente que si pensamos que la gente tiene un interés genuino por trabajar para que al equipo le vaya bien. En mi caso, soy de los que piensan que en cada uno de nosotros hay un interés sincero por el bien común, por supuesto siempre que se den las condiciones, y que este hecho hace posible que la colaboración esté tan extendida en la sociedad y proporcione tantos beneficios. Te explico por qué:

Los humanos somos seres sociales y esta particularidad despierta en nosotros la necesidad de sentirnos integrados en la «tribu» a la que pertenecemos. En el trabajo, el deporte, la escuela o la familia, el objetivo que buscamos siempre es el mismo: desarrollar un fuerte sentimiento de pertenencia. Por tanto, si realmente quieres liderar desde la autenticidad y la empatía es importante que entiendas que por razones evolutivas y culturales a casi todo el mundo le importa lo común. Y que esa comprensión de lo que realmente nos motiva es importante por dos razones principales. La primera es para que la utilices a tu favor y saques lo mejor de cada uno de los componentes del equipo haciéndoles sentir parte integrante del grupo. La segunda es para que la pongas en práctica cuando la adversidad haga acto de presencia, ponga en riesgo la consecución de los objetivos comunes y, como resultado, empieces a buscar culpables a los que expulsar emocionalmente del grupo mediante el mal trato y el castigo.

Liderar y trabajar en conjunto es una tarea sumamente difícil, entre otras razones porque muchas de las variables que afectan a la evolución del equipo y a la probabilidad de que pueda lograr sus metas se encuentran fuera de nuestro control. Pensemos en la empresa que tiene problemas de solvencia debido al retraso en el pago de los clientes, o en el equipo deportivo que rompe su buena marcha de resultados debido a problemas con las lesiones, y entenderemos el escaso control que podemos llegar a tener sobre muchas de las variables que más afectan al futuro del colectivo.

Cuando las cosas se tuercen y parecen no tener solución la desconfianza del equipo en sí mismo aumenta, el miedo a cometer errores se dispara y la indecisión y la desconfianza se suelen hacer con el control de la situación. Sin lugar a duda, la adversidad suele tener un profundo impacto sobre el estado anímico y emocional de cualquier colectivo, sobre su autoconfianza y, como consecuencia, sobre su capacidad para resolver problemas, buscar soluciones solventes y actuar con iniciativa.

Para empeorar las cosas, hay muchos líderes que cuando tienen que hacer frente a las circunstancias más complicadas, pierden las formas, rompen el vínculo emocional que les une con el grupo que lideran y acaban con la complicidad que caracteriza a los equipos verdaderamente unidos.

Piensan que los orígenes de los principales males del conjunto son la falta de compromiso, la despreocupación por hacer bien las cosas y la dejadez de las personas que lo forman. Olvidan la implicación y el esfuerzo tantas veces demostrados, y, como resultado, utilizan la culpa, la presión y el castigo como medidas «supuestamente» infalibles para superar los obstáculos y gestionar los contratiempos. No caen en la cuenta de que cuando actúan así, muestran la peor cara del liderazgo y generan:

— Un gran sentimiento de desafección.
— Una tremenda sensación de desprotección.
— Un profundo sentimiento de culpa.

Olvidan que precisamente cuando las cosas se ponen difíciles es cuando más se necesita un liderazgo que proporcione seguridad y confianza. Un liderazgo que dé apoyo y comprensión. Un liderazgo valiente y decidido que entienda lo importante que es empatizar y comprender a las personas en los momentos más complicados. Un liderazgo que, en definitiva, tenga la determinación de proteger al equipo cuando más lo necesita.

Cuando un líder protege a su gente en los momentos de dificultad, crea el vínculo de reciprocidad que caracteriza a las relaciones auténticas. Vínculo que mantiene unido a todo el mundo en la tempestad y que, cuando esta amaina, crea una realidad conjunta que se basa en:

— La lealtad y el compromiso.
— La implicación sincera.
— El deseo de darlo todo por el conjunto.

Por cierto, ingredientes básicos para superar la adversidad, recuperar la confianza, reforzar la dinámica colectiva y trabajar con determinación para lograr los objetivos comunes.

Un gran líder construye el vínculo que le mantiene unido al equipo en cualquier circunstancia. También crea las condiciones para que el grupo desarrolle un genuino sentido de pertenencia. Además, protege a cada una de las personas que forman el conjunto cuando la presión aumenta y resulta tentador buscar culpables porque se corre el riesgo de no lograr un buen resultado. Cuando esto sucede y tú eres el protagonista, demuestras tus valores como líder y tus principios como persona. Además, actúas de una manera que tu equipo recordará para siempre.

Lección 24

«Al preocuparse por su equipo, protegerle cuando todo parece ir mal y darle el apoyo emocional que necesita, un líder obtiene a cambio lealtad, compromiso e implicación, ingredientes básicos para hacer frente a los momentos de mayor dificultad, superarlos con éxito y salir fortalecidos.»

LECCIÓN 25
El orgullo de ver crecer al equipo

«Si sientes un orgullo especial cuando ves crecer a tu equipo con fortaleza, entonces eres el líder que necesitan.»

Ahora que hemos avanzado lo suficiente como para saber qué motivaciones e intenciones me han llevado a escribir *Sentir el liderazgo,* me gustaría hacerte una pregunta para averiguar cuáles son las tuyas respecto al ejercicio del liderazgo. Te ruego que reflexiones por un momento y contestes con sinceridad, pues de esta manera te harás una idea bastante clara de lo que realmente significa liderar para ti: ¿cuál es el sentimiento más genuino que puede llegar a sentir un líder por su equipo?

No sé cuál será tu respuesta, pues, te conozca o no, es algo que te pertenece y que puedes mantener en secreto hasta que te pongas manos a la obra, y te atrevas a comportarte como un verdadero líder. No obstante, la mía la tengo clara: ORGULLO.

Ten en cuenta que sentirte orgulloso de tu equipo significa que lo ves como un fiel aliado que tienes que guiar y con el que tienes que colaborar para alcanzar las metas comunes, y eso, en un mundo en el que se están perdiendo muchas de las conexiones que más nos humanizan, tiene un enorme valor. Sin duda, «el orgullo» es un sentimiento que te invita a darlo todo por el conjunto y a preocuparte por desarrollar todo su potencial.

Por el contrario, cuando lo que sientes es indiferencia y solo ves al grupo como un mal necesario para conseguir lo que te interesa, lo ves como un enemigo del que no te puedes fiar, y como resultado, estableces una relación basada en la desconfianza.

Pero crear las condiciones para que el orgullo sea el sentimiento que forja el vínculo que mantienes con el grupo al que lideras no es sencillo, ya que requiere maestría y voluntad. Maestría para saber qué hacer y voluntad para hacerlo a lo largo del tiempo. Entonces, para sentir el orgullo que caracteriza a las relaciones que se basan en la honestidad, en la confianza recíproca y en la búsqueda del bien común, tendrás que realizar una serie de acciones que bien ejecutadas te permitirán liderar desde la autenticidad.

La primera acción es **conectar a nivel emocional.** Cuando conectas con tu equipo de verdad, entras a formar parte de la realidad mental de cada una de las personas que lo componen, creas los lazos que sostienen la confianza y favoreces que la complicidad sea el motor de la dinámica colectiva.

La segunda es **construir el equipo desde los valores** que dan forma a la colaboración genuina. Los valores sientan las bases del ambiente que se respira a nivel colectivo. De hecho, son los cimientos invisibles sobre los que se construye la química del equipo. En casa, en el trabajo, en la cancha o en el aula, son siete y aplicarlos es fundamental para el buen funcionamiento de cualquier grupo. Permíteme que te los muestres y te dé una breve explicación de lo que significan.

— Compañerismo. El vínculo entre compañeros debe basarse en el respeto mutuo y en la búsqueda del bien común.
— El equipo está por encima del individuo. El objetivo de cada integrante del equipo tiene que ser aportar todo lo que pueda para beneficiar al conjunto, no para beneficiarse a título personal.
— Poner el talento a disposición del grupo. El talento individual se pone a disposición del colectivo para aportar lo que es necesario en cada momento.
— Asumir la responsabilidad que a cada uno le corresponde. Todas y cada una de las personas que forman el conjunto tienen como mínimo una responsabilidad: favorecer el buen funcionamiento del equipo.
— Animar cuando las cosas se ponen difíciles. Motivar a los compañeros es esencial para que la dinámica colectiva vaya bien, so-

bre todo cuando se cometen errores o la adversidad hace acto de presencia.
— No permitir la traición y la crítica destructiva. No hay mayor enemigo del trabajo en conjunto que traicionar o criticar para hacer daño. Ambas tienen el potencial de acabar con cualquier relación por sólida que sea. Por eso, no deben estar permitidas.
— Decir adiós a las quejas injustificadas. La queja sirve para justificar malas actitudes, faltas de compromiso o resultados mediocres. Lo importante en este caso, es dejar de quejarse para centrarse en los retos que hay que superar y en los objetivos que hay que conseguir.

La tercera acción es **fomentar el talento, el crecimiento y la mejora del grupo.** El secreto para aumentar la probabilidad de conseguir las metas se encuentra en la calidad del proceso en el que se basa el trabajo en equipo, proceso que únicamente podrás realizar junto al conjunto que lideras. Razón para que, como líder, centres todos tus esfuerzos en desarrollar el talento, fomentar el aprendizaje y favorecer el crecimiento de las únicas personas que pueden darlo todo para lograr los objetivos comunes: tu equipo.

La cuarta y última acción es **entender que la dinámica y el resultado del trabajo en equipo** es en gran medida una creación de tu labor como líder y, como tal, deberás implicarte a fondo para que esa obra tan singularmente tuya tenga la mayor calidad posible.

Sin duda, no te faltarán razones para sentirte orgulloso del grupo que lideras cuando consigas que se respeten como compañeros y se valoren como personas. Cuando se ayuden mutuamente y se pongan de acuerdo para conseguir el propósito común. Cuando se esfuercen y luchen por ese propósito como si fuera suyo. Cuando se interesen de verdad por la dinámica colectiva y por el devenir del grupo. Y, por supuesto, cuando se sientan parte integrante de un equipo por el que demuestran un interés sincero.

El mejor indicador de la calidad del rol que desempeñas como líder es lo que sientes de manera natural por tu equipo. Por este motivo, cuanto más orgulloso te sientas del grupo humano que lideras, más orgulloso te podrás sentir de ti mismo, ya que significará que estás haciendo un buen trabajo.

Lección 25
«Como líder, el sentimiento más genuino que podrás tener por el equipo es orgullo, y lo experimentarás de manera natural siempre que conectes a nivel emocional con cada una de las personas que lo integran, siempre que construyas su dinámica sobre los valores que fomentan la colaboración auténtica, siempre que te preocupes por mejorarlo y siempre que veas el resultado del trabajo en conjunto como una creación tuya.»

LECCIÓN 26
EL LEGADO DE UN GRAN LÍDER

«Recuerda que cuando evalúes tu legado como líder, lo harás pensando en las personas con las que compartiste los proyectos más importantes de tu vida.»

Si pudieras viajar al futuro y te preguntaran si has sido un buen líder, ¿qué te gustaría responder?, ¿qué historia te gustaría contar?, ¿qué legado querrías dejar como padre, educador, directivo, jefe de equipo, entrenador o cualquier otro rol que tengas que desempeñar en colaboración con otros seres humanos?

A pesar del enorme esfuerzo que he hecho para convencerte de que, en todos los sentidos, es mucho mejor tratar bien al grupo humano que lideras que tratarlo mal, puede que sigas creyendo que lo realmente importante del trabajo en equipo son los objetivos que hay que conseguir y que, por lo tanto, el fin justifica los medios. O que sigas pensando que el distanciamiento y la frialdad en el trato son la fórmula perfecta para lograr que el grupo te respete. O que sigas convencido de que eso de «valorar a las personas» es una moda sin sentido que tarde o temprano acabará por desaparecer. O que tengas claro que reconocer y agradecer el esfuerzo solo puede traer conformismo. O que afirmes sin la menor duda que no hay nada como el miedo y el castigo para evitar los errores y conseguir que el equipo no se relaje. O que asegures con vehemencia que, en general, el ser humano no es de fiar, y que esta verdad incuestionable te obliga, como buen líder, a estar en permanente estado de alerta cuando te toca liderar. O que digas abiertamente que trabajar con otros seres humanos es un mal necesario que, de alguna forma, habrá que erradicar.

Sin embargo y sin temor a equivocarme, creo firmemente que cuando todo termine y reflexiones sobre el rol que desempeñaste como líder a lo largo de tu vida te gustará tener la conciencia tranquila. No olvides que, por mucho que te dejes llevar por las creencias que tan mal hablan del ser humano y los prejuicios que tanto resaltan nuestros defectos y tan poca importancia dan a las enormes virtudes que poseemos, hay algo maravilloso en lo más profundo de nuestra mente. Algo que, cuando lo buscamos y encontramos, nos empuja con fuerza a conectar con los demás, sin que esas creencias y esos prejuicios nos condicionen negativamente. Por esta razón, estoy convencido de que cuando llegue el momento de mirar atrás y valorar qué legado dejaste como líder, te gustará pensar:

— Que siempre intentaste ser un buen ejemplo y que tu equipo te recordará como un líder competente y un buen ser humano.
— Que les transmitiste que el valor de una persona no tiene relación con lo bien o mal que haga las cosas ni con los resultados que obtenga, y que a pesar de que hay que esforzarse para mejorar y conseguir los objetivos, el valor de un ser humano es incuestionable.
— Que los animaste y los motivaste para que no se conformaran con la mediocridad y se esforzaran por lograr la excelencia.
— Que les enseñaste que rendirse era la última opción, a pesar de las dificultades y de la proximidad de la derrota. Y que mantener la cabeza alta y luchar hasta el final era un gran acto de valentía.
— Que les dijiste una y otra vez que los errores eran un paso necesario para el aprendizaje, pero que había que aprender para no cometer los mismos errores y mejorar.
— Que cuando te enfadabas porque no cumplían con los compromisos o las expectativas que os habíais marcado, lo hacías con la intención de corregir para enseñar y no de castigar para penalizar.
— Que en todo momento les valoraste como personas pese a los malentendidos y los desacuerdos, y que esta virtud tan valiosa fue la que te permitió ser reconocido como un líder auténtico.
— Y que te esforzaste por ser un buen ser humano que se preocupaba por el bienestar y el crecimiento de su equipo.

Formamos parte de una historia que se inició hace mucho tiempo y que no sabemos dónde nos llevará, ni como continuará cuando sean otras personas las que tengan que liderar este fascinante viaje llamado vida. Una historia increíble llena de sucesos terribles, pero también de acontecimientos fascinantes. Una historia que muestra con total crudeza la ruindad y el egoísmo más dañinos, pero también los actos más nobles que podamos imaginar. Una historia alucinante que nos habla de miseria humana pero también de grandeza humana. Una historia que cuenta cómo hemos utilizado la colaboración y el trabajo en equipo para destruir, pero también para construir. Una historia de la que, en definitiva, tú y yo somos protagonistas.

Tendemos a pensar que las cosas que hacemos cotidianamente no tienen la menor importancia, pero estamos equivocados. El mundo se construye sobre la base de las pequeñas decisiones y acciones que hacemos todos los días. Decisiones y acciones que van formando la realidad que acabamos viviendo.

Cuando lideramos, una de las responsabilidades más importantes que tenemos que asumir es poner todos los medios para crear una realidad que fomente valores sanos y moralmente consistentes. Una realidad que favorezca la integración y no promocione la denigración. Una realidad que valore a la persona y no que la menosprecie. Una realidad que, como reto que te propongo, saque lo mejor de los seres humanos que lideras, no lo peor.

Ahora que muchas de las personas que han marcado mi vida nos van dejando poco a poco, soy cada día más consciente de lo que significa dejar un legado por pequeño que sea. ¿Estoy mejorando el mundo en la medida de mis posibilidades?, ¿soy un buen ejemplo para las personas que más quiero?, ¿soy una persona de fiar?, son preguntas que llegado el momento tendré que contestar delante de un espejo, espero que positivamente, al menos eso es lo que intento todos los días.

El mal está ahí, siempre ha estado y siempre estará. De hecho, es muy fácil y tentador recurrir a él. Desgraciadamente, lo podemos ver a diario. Pero los líderes de verdad, aquellos que creen en la bondad del ser humano y en su capacidad de superación, no se dejan seducir y actúan con la determinación del que tiene un propósito irrenunciable: dejar un legado del que sentirse orgulloso.

Y con este espíritu te expongo una última reflexión que sale de lo más profundo de mi mente y de mi corazón. Una reflexión que espero te sirva para liderar desde los valores más profundos que residen en tu conciencia, valores que tendrás que encontrar en tu interior antes de poder mostrarlos al exterior:

«Al final, cuando tu tiempo como líder termine y mires atrás, te darás cuenta de que lo más importante fueron las personas que formaron parte de tu equipo». ¿Te atreves a darte cuenta ahora mismo?

Lección 26

«La vida me ha enseñado que muchas veces no somos plenamente conscientes de las consecuencias de nuestros errores hasta que ya no tienen solución. Que cometemos una y otra vez las mismas equivocaciones sin darnos cuenta del perjuicio que causan. Sobre todo, cuando nos relacionamos con las personas con las que compartimos los proyectos más importantes de nuestras vidas. Y que cuando llega el momento de la revelación y entendemos lo que ha ocurrido, es cuando aparecen dos de los sentimientos más desagradables que puede llegar a sentir un ser humano: el remordimiento y el arrepentimiento del que sabe que no ha hecho bien las cosas. Sentimientos que podrás sustituir por el orgullo y la satisfacción del que está en paz consigo mismo, si decides desde este momento recorrer la senda que te he propuesto en *Sentir el liderazgo*.»

PARTE SEXTA
LECCIONES DE VIDA

LECCIÓN 27
UN LÍDER PARA LA EMPRESA

> «El líder de verdad sabe que las personas responsables y comprometidas hacen todo lo posible por no cometer errores sin la necesidad de sentirse amenazadas.»

Pasamos una gran parte de nuestras vidas trabajando. Muchas veces en ambientes laborales dominados por la desconfianza y el temor a equivocarse. Es como si al tener un empleo y obtener unos ingresos que garanticen en cierta medida el sustento personal y familiar, lo demás no tuviera la menor importancia. ¿Para qué crear un clima laboral en el que la integración, el respeto, el reconocimiento y la complicidad sean los pilares sobre los que construirlo si a la gente lo único que le interesa es el sueldo que cobra a final de mes? ¿Para qué fomentar un sano sentido de pertenencia si la gente únicamente se preocupa por sus intereses particulares? O ¿para qué preocuparse por el bienestar de los empleados si los niveles de implicación en la dinámica empresarial son tan extraordinariamente bajos? Estas son algunas de las preguntas que muchos líderes se hacen para mantener entornos laborales que favorecen la desmotivación y justificar comportamientos en muchos sentidos poco edificantes.

La verdad es que desde que empieza la etapa infantil a los tres años y hasta que llega el momento de la jubilación nos pasamos la vida adquiriendo conocimientos y formándonos en nuevas competencias. Primero en el colegio, después en el instituto, más tarde en la universidad y por último en el trabajo, el objetivo siempre es el mismo: trabajar y esforzarse para aportar valor a la sociedad.

Lo curioso es que en numerosas ocasiones acabamos aportando ese valor a empresas que descuidan por completo la base sobre la que se construyen las relaciones genuinamente humanas. Empresas que olvidan el valor de la implicación y únicamente se preocupan por los resultados. Empresas que consideran que el fin justifica los medios y presionan con intensidad para incrementar las ventas o los niveles de producción de forma permanente. Empresas que, en definitiva, olvidan que sin los profesionales que diariamente se esfuerzan por cumplir con sus obligaciones, nada sería posible.

Si lo examinamos a través de los ojos de la objetividad nos daremos cuenta de que en muchos aspectos la recompensa que se obtiene a cambio de entregar innumerables horas de esfuerzo y dedicación, preocupaciones constantes y en ocasiones noches en vela, es realmente pobre. Afortunadamente no siempre es así, pero es una realidad que está muy presente en el ámbito empresarial.

Reconozco que el mundo laboral es sumamente complejo, ya que está formado por actores con intereses en muchas ocasiones diferentes. En este caso, la relación que se produce entre las personas que tienen responsabilidades de dirección a cualquier nivel y los empleados que integran los equipos que lideran es bastante peculiar y demanda una atención especial. Pero que algo sea complejo y peculiar no significa que no pueda ser gestionado ni mejorado, siempre que estemos dispuestos a creer en las personas que forman el grupo que lideramos.

El problema es que, como seres humanos y en último término como líderes, tendemos a dar mucha más importancia a las equivocaciones que a los aciertos, tenemos la mala costumbre de pensar que cuando un empleado está dispuesto a hacer respetar las condiciones contractuales pactadas es que no se preocupa por la organización, o a creer que implicarse en la dinámica empresarial significa estar disponible 24 horas al día durante siete días a la semana.

Y lo hacemos como punto de partida para exigir un compromiso genuino y una entrega incondicional sin entender que las condiciones mandan y que, si no nos preocupamos por crear un clima en el que la gente se sienta motivada e integrada, no podremos recoger aquello que no cultivamos. Cuántas veces no habré escuchado decir que al trabajo hay que ir motivado. Sin embargo, todavía no conozco a nadie que por muy motivado que inicie la jornada laboral, lo siga estando a lo largo de la misma cuando los agravios comparativos, las malas formas o la falta de sintonía con el líder forman parte de la realidad del clima laboral. Y ahí es donde reside uno de los errores más graves del liderazgo de empresa: en exigir lo que no se crea o, si me apuras, en demandar lo que se destruye.

Por el contrario, sí conozco a muchas personas que cuando se confía en su competencia profesional, cuando se los trata con el respeto que merecen, cuando se reconocen los esfuerzos que realizan, cuando se valoran los resultados que obtienen y se corrigen los errores que cometen con educación y asertividad, se implican en la dinámica por completo. Por supuesto que no todo el mundo es así, pero sí una inmensa mayoría.

Y hago este alegato en favor de los grandes profesionales que mantienen vivo nuestro ecosistema empresarial, no desde la distancia que me otorga el ser consultor de empresa y no estar implicado en labores de dirección y gestión, sino desde la responsabilidad que tengo como director de organización y finanzas de una empresa de unas 40 personas que lidero junto a un familiar.

El paso de los años me ha enseñado que, para bien y para mal, la reciprocidad está en nuestro ADN y que, en general, si tratamos bien a las personas con las que compartimos nuestra carrera profesional recibiremos respeto y consideración. Sin embargo, si levantamos un muro lleno de faltas de consideración, desprecios y malas formas, obtendremos desinterés, pasividad y distanciamiento. Y ahí es donde reside una de las grandes cuestiones que tendrás que resolver cuando te toque liderar: ¿cómo vas a tratar a la gente que integra tu equipo?

Te convertirás en el líder que toda empresa necesita:

— Si piensas que tu mayor activo son las personas que forman el equipo y se lo demuestras con asiduidad.
— Si haces prevalecer tu autoridad mediante la seguridad en ti mismo y la ejemplaridad.
— Si te muestras tal cual eres, sin miedo al qué pensarán o al qué dirán.
— Si creas un propósito corporativo por el que creen que merece la pena esforzarse.

— Si confías en el equipo y permites que participen de manera activa en la dinámica colectiva.
— Si te comunicas con asertividad y escuchas con atención lo que te tienen que decir.
— Si gestionas las emociones colectivas y empatizas con cada una de las personas que integran el grupo humano que lideras. Sobre todo, en los momentos de dificultad.
— Si utilizas tu talento para organizar al equipo, motivarlo, gestionar los cambios y resolver los conflictos.
— Si defiendes a cada una de las personas que integran el conjunto que lideras cuando las cosas se ponen difíciles y te presionan desde instancias superiores para buscar culpables a los que condenar.
— Si te sientes bien cuando los ves crecer profesionalmente.

Para liderar en el ámbito profesional tendrás que ser valiente y asumir una gran responsabilidad. En primer lugar, rompiendo con las creencias que te empujan con fuerza a distanciarte del grupo como medida de autoprotección. En segundo lugar, interiorizando que, si lo haces bien, el equipo te acompañará donde os propongáis llegar. Y, en tercer lugar, corriendo el riesgo que significa confiar en los profesionales con los que, sin apenas darte cuenta, compartes un destino común.

Lección 27

«Para liderar en el ámbito profesional tendrás que creer en las personas que integran tu equipo y en su predisposición para trabajar por el bien común. Para lo cual deberás crear un clima laboral que esté tan cerca del respeto, la confianza, la gestión emocional, la empatía y la buena organización, como alejado del miedo, la desconsideración, la desmotivación y la desorganización colectiva.»

LECCIÓN 28

UN EQUIPO GANADOR

«La mayor fortaleza de un líder es creer en el potencial de las personas que integran el equipo.»

El deporte colectivo me parece fascinante. Para mí, es una de las muestras más auténticas de lo que realmente significa trabajar en equipo. También una de las formas más directas de observar los beneficios que proporciona tanto la colaboración como la competición. Sin temor a equivocarme, te aseguro que ser entrenador es una labor tan apasionante como difícil, debido a que hay que saber combinar con destreza un gran número de habilidades de diferente naturaleza.

Uno de los mayores retos al que te tendrás que enfrentar como entrenador es conseguir que cada uno de los integrantes de tu equipo tenga una buena actitud y se implique positivamente en su dinámica. Si te soy sincero, todavía no conozco a nadie que vaya a entrenar para que los jugadores no atiendan a sus explicaciones, no pongan ningún interés en los ejercicios que propone o le falten el respeto. En el fondo, a la mayoría nos encanta que el equipo mejore, se implique y lo dé todo en la pista. El gran dilema está en cómo conseguirlo.

En este sentido, hay entrenadores que piensan que la mejor forma de construir la dinámica colectiva es mediante el enfado permanente, el miedo y el desprecio. Creen firmemente que no hay manera más eficaz de lograr que el grupo que lideran se implique y tenga una buena actitud competitiva que presionándole con intensidad para conseguir los objetivos y castigándole con firmeza si no se consiguen. En cierta medida, ven a su propio equipo como un rival al que de alguna forma hay que doblegar y esto, se pretenda o no, afectará negativamente al nivel de compromiso colectivo.

Si lo piensas bien, esta es la forma más sencilla de intentar motivar al equipo, puesto que no requiere razonamientos avanzados ni reflexiones profundas. Con dejarse llevar por los instintos más primarios y permitir que la ira ponga las cosas en su sitio cada vez que hay una mala actitud, o no se aplica la intensidad que requiere un ejercicio, o no se juega un partido con verdadera pasión, es más que suficiente.

No entienden que lo único que conseguirán así es incrementar sustancialmente los niveles de estrés y ansiedad del equipo y, de esta manera, acabar con su motivación. Tampoco entienden que cuando las expectativas son demasiado elevadas, cuando el miedo a cometer errores es la norma o cuando los jugadores se sienten culpables si fallan, será imposible crear la conexión y la complicidad que, en el fondo, todos queremos conseguir, aunque no sepamos muy bien cómo hacerlo.

Por el contrario, hay entrenadores que, a pesar de los malentendidos y las dificultades asociados al ejercicio del liderazgo, ven a su equipo como un aliado al que hay que guiar por la senda correcta y, al verlo así, prefieren fomentar la confianza como pilar esencial del trabajo en equipo. Primero estableciendo un objetivo que esté relacionado con el nivel de maduración del grupo y genere motivaciones positivas[1]. Segundo haciendo todo lo posible para que el proceso de entrenamiento y aprendizaje sea de calidad en todas sus dimensiones (técnica, táctica, física y psicológica). Tercero entendiendo que los errores y las derrotas son parte de un proceso de aprendizaje que, si se gestiona adecuadamente, conducirá a las victorias del futuro. Cuarto permitiendo que el equipo participe activamente en su propia dinámica. Quinto estableciendo y haciendo cumplir las reglas del juego que regularán la convivencia grupal.

Ser un buen entrenador requiere confianza para liderar, talento para decidir, paciencia para entender, constancia para mejorar y humildad para conectar. Por esta razón, no me gustan los entrenadores que, cuando las cosas van mal, culpan al equipo de los malos resultados, pero, cuando van bien, se atribuyen las victorias. Y no me gustan porque para bien o para mal los entrenadores somos responsables del grupo humano al que entrenamos y este hecho nos vincula directamente con los resultados que se obtienen, aunque en ocasiones no nos guste en absoluto la actitud que ha tenido el conjunto al que lideramos.

Te convertirás en el líder que todo equipo necesita:

— Si eres de los que creen que no hay mejor equipo en el mundo que al que entrenas en este momento.

— Si muestras tu autenticidad y tu carácter con la educación y la firmeza del buen entrenador.

— Si eres un buen ejemplo de coherencia e integridad, es decir, si eres el primero en hacer lo que dices que hay que hacer y, además, es beneficioso para el conjunto.

— Si propones un objetivo motivante y convences al colectivo de que merece la pena trabajar con determinación y ganas para conseguirlo.

— Si enseñas al grupo que lideras que lo colectivo está por encima de lo individual, aunque valores el talento y fomentes la iniciativa.

— Si confías en el equipo, permites las equivocaciones y favoreces que participen en la dinámica grupal.

— Si haces todo lo posible para que las derrotas y los errores se conviertan en herramientas que refuerzan el aprendizaje.

— Si utilizas la comunicación para entusiasmar, empatizar y, como resultado, conectar.

— Si te conviertes en un buen gestor emocional y aprendes a gestionar las emociones del grupo que lideras cuando la competición eleva la tensión y la presión de manera notable.

— Si asumes la gran responsabilidad que tienes como líder y evitas quejarte y culpar al equipo cuando llegan las derrotas.

— Si pones tu talento a disposición del colectivo para que juegue cada vez mejor.

— Si entiendes la importancia que tiene tu rol como líder para crear un clima de complicidad en el que todos se sientan implicados y colaboren para conseguir los mismos objetivos.
— Si fomentas el compañerismo para que sientan que pertenecen a un grupo con el que se identifican y por el que creen que merece la pena luchar.
— Si entiendes que el carácter se forja en los momentos de dificultad. Y que precisamente en esos momentos es cuando más se aprende.
— Si sientes una enorme satisfacción cuando ves progresar y mejorar al equipo.

Antes de terminar con esta lección, no puedo dejar de decirte que, si no eres capaz de conectar genuinamente con tu equipo ni mejorarlo a pesar de tener la mejor de las intenciones, la opción más sensata puede ser buscar nuevos horizontes en los que desarrollar tu labor como líder y como entrenador. Sin duda, la alternativa más fácil puede ser buscar culpables a los que castigar y enemigos a los que vencer, pero así únicamente conseguirás empeorar los resultados y perder parte de tu esencia como ser humano. El trabajo en equipo se nutre de la magia que proporciona la complicidad y la colaboración genuina, y cuando ambas desaparecen, te aseguro que el miedo, la presión y el desprecio no las traerán de vuelta.

Un equipo ganador es el que sale a competir con la intención de darlo todo en la pista sin que el miedo condicione su rendimiento. Es un equipo que confía en sus posibilidades a pesar de las circunstancias adversas. Es un equipo que no teme perder porque paradójicamente ha perdido el miedo a ganar. Es un equipo que, con tu inestimable ayuda como entrenador, aprenderá, mejorará, se esforzará, se implicará y conseguirá los objetivos.

Lección 28

«Un buen entrenador es el que asume la responsabilidad que tiene sobre el colectivo sin temor a las posibles consecuencias. Es el que se gana la autoridad desde la educación y el respeto que muestra hacia su equipo. Es el que motiva cuando las cosas van bien, pero también cuando van mal. Es el que sabe que, para ganar, primero hay que conectar, segundo hay que confiar y tercero hay que trabajar "duro". Y es el que tiene claro que el activo más valioso que tiene a su disposición son las personas que forman el grupo humano que dirige.»

LECCIÓN 29
LIDERAZGO EN EL AULA

«El verdadero liderazgo se basa en la capacidad del líder de convencer sin imponer.»

«Si dejo volar mi imaginación y hago un viaje a mi pasado, no puedo dejar de pensar en la importancia que tiene para cualquier niño o niña la educación y el colegio. No digo que sea un sustituto de la familia, simplemente es un complemento imprescindible. En el colegio empezamos a entender cómo funciona el mundo, practicamos deportes colectivos o forjamos nuestras amistades más duraderas. También conocemos a personas (profesores o entrenadores) que nos marcan de por vida por su actitud positiva y sus ganas de impartir una educación de calidad centrada en los niños y en las niñas que serán los adultos del mañana. Estas personas son los líderes que tanto necesitamos como sociedad. Son nuestro mejor ejemplo de enseñar entusiasmando»[2].

La verdad es que una de las profesiones que más admiro es la de docente. Evidentemente, siempre que la persona que la ejerza cumpla con las características que la convierten en alguien especial. La admiro porque ponerse delante de 25 alumnos todos los días para dar clase e independientemente de que cursen infantil, primaria o secundaria, tiene un mérito enorme.

Y lo tiene porque demanda un autocontrol y una paciencia que, sin ser infinitos, hacen posible impartir una educación de calidad a pesar de la heterogeneidad del alumnado, de la diferencia de niveles académicos que existen entre compañeros de clase y del interés por el aprendizaje que muestran según qué alumnos. Desde los que son excelentes estudiantes y tienen un buen comportamiento hasta los que son unos charlatanes, los que no prestan la atención necesaria, los que se pasan el tiempo enredando o los que requieren de una atención personalizada que dificulta el normal desarrollo de clase. Por esto y por muchas cosas más, para mí ser docente es una de las profesiones más vocacionales que existen.

Sin embargo, hay muchos maestros y profesores que utilizan la comparación, el castigo y la culpa para conducir al alumnado por el camino de la buena actitud y mantener el orden en clase. Olvidan que de esta manera lo único que consiguen es hacer sentir mal a la persona en vez de corregir su comportamiento. Con esto no quiero decir que no sea fundamental tener unas normas claras de conducta en el aula y que hacerlas cumplir no sea esencial para favorecer la convivencia. Tampoco que no se pueda mostrar la autoridad con firmeza cuando la situación lo demande. Lo que digo es que, aunque comparar, castigar o culpar pueden proporcionar un alivio a corto plazo para el docente, en ningún caso solucionarán el problema de fondo. El ser humano es un molde que tiene que ser esculpido durante mucho tiempo antes de convertirse en una obra de arte, y este hecho debe ser entendido por todos los que se dedican al noble oficio de la enseñanza.

Por fortuna, hay otros profesores que creen en el poder del entusiasmo y en la importancia de enseñar con pasión para fomentar la implicación del alumnado en el proceso educativo. También están convencidos de que el respeto, el compañerismo y el saber compartir son los valores sobre los que se tiene que construir el edificio al que hemos acabado llamando «educación», o que sustituir la culpa por la responsabilidad es una apuesta que, aunque sea a largo plazo, producirá ciudadanos responsables. Asimismo, creen firmemente que la excelencia es la consecuencia natural del esfuerzo y el deseo de aprender y no una exigencia más de una sociedad que, en muchos aspectos, valora los resultados por encima de las personas que los consiguen. Por último, son maestros y profesores que siempre tienen muy presente que educar es mitad arte y mitad ciencia y que en el punto de equilibrio entre ambas es donde reside la excelencia educativa.

Te convertirás en el líder que la educación necesita:

— Si valoras a tus alumnos por lo que realmente son: personas imperfectas que tienen mucho que aprender y mucho que experimentar.
— Si te ganas su respeto desde la autoridad que te otorga la confianza en ti mismo.
— Si utilizas la ejemplaridad como una herramienta más para el aprendizaje y el desarrollo de tu equipo.
— Si convences al grupo que lideras de la importancia que tienen la buena educación y el respeto a los demás, sin la necesidad de recurrir al miedo al castigo.
— Si consigues que tus alumnos se interesen por el aprendizaje y encuentren el extraordinario valor que tienen el esfuerzo y la mejora.
— Si les enseñas el valor de colaborar, participar y compartir para conseguir objetivos que de otra forma son sencillamente imposibles de lograr.
— Si confías en tus alumnos, les enseñas que el error es parte del continuo proceso de aprendizaje que es la vida y les convences de la importancia de aprender para cometer el menor número de errores posible.
— Si te comunicas con educación, claridad y seguridad.
— Si prestas atención sincera a las cosas que, aunque para ti no son importantes, para ellos lo son todo.
— Si les enseñas la importancia de la gestión emocional comportándote como un buen gestor emocional.
— Si eres capaz de empatizar y ver la vida desde su punto de vista, aunque únicamente sea para comprenderlos y entender que ellos también están llenos de contradicciones.
— Si te esfuerzas por dar una enseñanza de calidad, aunque el sistema fomente la mediocridad.
— Si favoreces la integración y el sentido de pertenencia como vacuna para la intolerancia y la intransigencia.
— Si entiendes que la paciencia y la templanza son las llaves que abrirán la puerta de tu talento como educador.

— Si sientes un orgullo especial cuando se hacen mayores y ves con satisfacción que les has ayudado a formarse como ciudadanos y como personas.

La educación lo es todo para cualquier ser humano. Y lo es hasta el punto de poder convertirle en una persona formada, interesada por el aprendizaje y que ha desarrollado una notable capacidad crítica, o le puede transformar en alguien manipulable, sin principios éticos ni morales y carente de juicio propio. No olvides que tu labor como docente es clave para dar la batalla contra la ignorancia, la desinformación y la intransigencia y que yo, desde mi modesta posición como escritor, te animo a que utilices el talento del que dispones para ganarla.

Lección 29
«La educación es un pilar fundamental de la sociedad en la que vivimos. Es la base sobre la que se asientan el aprendizaje y la capacidad crítica que tanto nos alejan de la ignorancia. Es la herramienta que tienes a tu disposición como docente para construir un mundo que cada día sea un poco mejor. Una herramienta que tendrás que desplegar con la paciencia y la pasión que tanto necesitan tus alumnos.»

LECCIÓN 30
LIDERANDO EN FAMILIA

«El liderazgo no va de grandes personajes que hacen cosas extraordinarias, sino de personas normales que, como tú, se esfuerzan por mejorar a los demás y ser un buen ejemplo.»

La familia es y siempre ha sido el equipo más importante de todos los posibles. Al menos eso es lo que yo pienso. En familia se comienza ese camino tan peculiar que hemos acabado llamando «vida» y se decide en gran medida lo que acabamos siendo en la edad adulta. Para un niño, es el lugar donde entenderá la importancia del afecto y el amor incondicional, donde descubrirá el valor de la confianza y la lealtad y donde aprenderá lo importante que es establecer límites para hacer posible la convivencia con los demás. Por todo lo que está en juego para los más pequeños, es un equipo que hay que liderar de una manera muy especial, a pesar de que, como adultos, en ocasiones lo olvidemos.

Como padre o como madre, debes entender la increíble influencia que tienes sobre tus hijos, aunque muchas veces pienses que no te prestan la menor atención. Saber que las primeras etapas de la vida de un niño son fundamentales para su aprendizaje a largo plazo, y comprender que este aprendizaje se alimenta en gran medida de lo que ve hacer a sus padres es una responsabilidad que no podrás eludir. Por este motivo, tendrás que ser muy cuidadoso con lo que haces y con lo que dices cuando te relaciones con ellos y con tu pareja si están delante.

La imitación es una de las herramientas más potentes que ha inventado la naturaleza para aprender, ya que, al producirse de manera inconsciente y automática, no requiere grandes esfuerzos ni periodos de maduración elevados para consolidar el aprendizaje. El proceso es tan sencillo como observar una conducta que llama especialmente la atención, almacenarla en lo más profundo de la mente[3] y replicarla cuando llega la ocasión. El problema es que los más pequeños aún no han desarrollo la capacidad para diferenciar las conductas buenas de las malas y esto, queramos o no, puede tener un efecto negativo sobre su educación y su formación a largo plazo si la conducta habitual de los padres no es la apropiada.

Esta razón debería ser más que suficiente para hacer una profunda reflexión y trabajar de manera consciente con un objetivo claro: lograr que la ejemplaridad guíe nuestras acciones. Básicamente porque muchos de nuestros comportamientos están tan automatizados que acabamos siendo un mal ejemplo sin apenas darnos cuenta.

Hace tiempo que la psicología descubrió que las vivencias que más nos afectan a lo largo plazo son las que tienen una elevada carga emocional. El inconsciente es un gran almacén de experiencias que van configurando nuestra personalidad y van dando forma al mundo en el que nos ha tocado vivir. Como resultado, cuanto mayor es la carga emocional negativa de las experiencias que vivimos, mayor es el impacto sobre el cerebro y la calidad de vida. Por eso, es esencial que el ambiente que se respire en casa se base en el afecto sincero, el respeto mutuo, la comunicación asertiva, la empatía y la comprensión. Sin duda, será la mejor manera de sentar las bases para que los niños desarrollen correctamente su cerebro y reciban una buena educación.

Qué decirte de la importancia que tiene sustituir el miedo como mecanismo de control por la responsabilidad, la confianza, la iniciativa y la pasión por vivir. El paso del tiempo me ha demostrado que vivimos llenos de miedos que nunca se materializan y que lo único que hacen es robarnos muchas de las oportunidades que nos ofrece la vida y muchas de las experiencias que merecen realmente la pena. A pesar de que se utiliza para protegernos de los «supuestos» peligros relacionados con el vivir, en realidad el miedo nos debilita y condiciona enormemente cuando provoca los estados de ansiedad[4] que tanto afectan al bienestar y a la felicidad. Sin dudarlo ni un instante y pensando en el momento en el que tus hijos se tendrán que enfrentar a la vida por sí solos, el mejor regalo que les podrás hacer es ayudarles a construir una autoestima y autoconfianza fuertes y libres de miedos irracionales.

Te convertirás en el líder que tu familia necesita:

— Si crees que son el mejor equipo del mundo.
— Si utilizas tu autenticidad para demostrar a tus hijos el valor de ser uno mismo.
— Si les enseñas la importancia de ser un buen ejemplo y se lo demuestras todos los días.
— Si les convences de que uno de los objetivos más importantes de la vida es ser fiel a uno mismo y que esforzarse por conseguirlo es una de las mayores satisfacciones que podrán obtener.
— Si les enseñas el valor de la amistad y de la lealtad.
— Si confías en ellos y les das autonomía para que se equivoquen, tengan iniciativa y corran ciertos riesgos.
— Si les educas en el esfuerzo, en la constancia y en el valor del aprendizaje.
— Si te sigues comunicando con educación, asertividad y cercanía cuando la paciencia corre el riesgo de agotarse.
— Si les prestas atención cuando te cuentan sus cosas y necesitan sentirse escuchados.
— Si aprendes a gestionar tus emociones como medida para que ellos aprendan a gestionar las suyas.
— Si creáis juntos las normas que hagan posible la convivencia y aplicas las consecuencias en caso de no cumplirse.
— Si creas un ambiente familiar en el que se respire complicidad, respeto y afecto.
— Si les enseñas que rendirse es la última opción cuando se persigue un objetivo importante. También que la vida está llena de oportunidades y alternativas y hay que saber cuándo decir ¡basta! e iniciar un camino diferente.
— Si sientes el orgullo que únicamente un buen padre o una buena madre puede sentir cuando ven a sus hijos tomar sus propias decisiones con la seguridad del que se siente valioso y confía en sí mismo.

La vida está llena de oportunidades que únicamente se presentan una vez, de momentos mágicos que, si no se aprovechan, se pierden para siempre, de relaciones auténticas que requieren atención y cuidado, de decisiones valientes que sirven para construir un futuro por el que merece la pena luchar, aunque la incertidumbre siempre esté presente. La vida es, en definitiva, un extraordinario desafío que en familia se afronta mucho mejor.

Lección 30

«Para ser el líder que tus hijos necesitan, muéstrales afecto todos los días, sé un buen ejemplo en la palabra y en la acción, confía en ellos y permite que se equivoquen, protégeles lo justo para que puedan enfrentarse a la vida con valentía y no olvides nunca que el mayor regalo que les podrás hacer es una autoestima fuerte y libre de miedos sin sentido. Sin lugar a duda, el mayor desafío al que te enfrentarás como ser humano es llegar a ser un buen padre o una buena madre. En ti está el superarlo con éxito.»

RECOPILACIÓN DE CITAS Y LECCIONES

Lección 1: El líder ante el espejo.

Cita: «Antes de conocer a los demás, deberás conocerte a ti mismo.»

«Para liderar con convicción y permitir que la autenticidad y la ejemplaridad guíen tu comportamiento, primero deberás conocerte a ti mismo. Por lo tanto, detente, mira a tu interior con el valor y la curiosidad del que tiene algo fascinante que descubrir y averigua quién eres realmente.»

Lección 2: El valor de la autoestima.

Cita: «La autoestima es la llave que abre la puerta del liderazgo genuino.»

«Liderar es una actividad que demanda carácter para influir sobre el equipo, fortaleza mental para aceptar la crítica y optimismo para superar las dificultades. Por eso, una buena autoestima es clave para que puedas ejercer un liderazgo basado en la confianza y en el respeto hacia ti mismo y hacia los demás.»

Lección 3: El temor al fracaso.

Cita: «El que teme al fracaso permite que el miedo gobierne sus decisiones y sus acciones.»

«Para vencer el temor al fracaso que tanto condiciona las decisiones que tomas y cómo te comportas cuando lideras, tendrás que aceptarlo y averiguar las causas que lo provocan, deberás exponerte a él para demostrarte que puedes superarlo y estarás obligado a confiar en tu equipo para quedar claro que, en ningún caso, ese miedo definirá tu liderazgo. Únicamente así podrás liderar desde la valentía y la iniciativa.»

Lección 4: Gestiona tus emociones.

Cita: «Quien no se lidera a sí mismo, no está capacitado para liderar a los demás.»

«Gestionar las emociones es básico para liderar, es una competencia que tendrás que desarrollar y una responsabilidad que deberás asumir si realmente quieres convertirte en el líder que tu equipo necesita. Es la herramienta que te permitirá afrontar los momentos de dificultad con la seguridad del que se lidera a sí mismo.»

Lección 5: Actitud y entusiasmo.

Cita: «La actitud y el entusiasmo que muestra un líder cuando se relaciona con su equipo son las señales que definen su nivel de implicación y compromiso.»

«La actitud y el entusiasmo con los que te comportes definirán en gran medida tu compromiso con el liderazgo genuino. La actitud es importante para demostrar al grupo que lideras tu nivel de implicación, mientras que el entusiasmo sirve para dejar claro que la ilusión y las ganas con las que se hacen las cosas son esenciales para trabajar en equipo.»

Lección 6: La reinvención del líder.

Cita: «La reinvención es la base sobre la que se construyen los líderes que acaban siendo auténticos.»

«Para comenzar tu aventura como líder o perfeccionar las competencias que has adquirido ejerciendo el liderazgo tendrás que iniciar el camino de tu reinvención con dos objetivos claros: vencer los miedos que te atenazan cuando te relacionas con el equipo y superar las barreras que te impiden desplegar tu potencial como líder. En ti y únicamente en ti está la decisión.»

Lección 7: La autenticidad de un buen líder.

Cita: «La autenticidad es un rasgo que únicamente poseen los líderes que realmente confían en sí mismos.»

«Para conectar con el equipo y forjar el vínculo que caracteriza a las relaciones que se basan en la confianza y en la complicidad deberás ser auténtico. De esta forma te mostrarás al mundo como una persona en la que se puede confiar porque crees en ti mismo y no tienes nada que ocultar.»

Lección 8: Responsabilidad y compromiso.

Cita: «El día que decidas compartir el éxito y asumir la responsabilidad del fracaso, te convertirás en el líder que tanto necesita tu equipo.»

«La confianza que el equipo deposita en ti es un bien de incalculable valor que únicamente podrás mantener en el tiempo si eres una persona creíble, digna de confianza y que asume la enorme responsabilidad que tiene como líder. Únicamente así podrás conseguir un compromiso que, además de genuino, será duradero.»

Lección 9: Respeto y lealtad.

Cita: «El líder que cultive respeto, recogerá lealtad. El que siembre desconsideración, recogerá desapego.»

«Respetar a cada una de las personas que integran el equipo y reconocer el valor de sus aportaciones te ayudará a ser valorado como un auténtico líder y te permitirá obtener uno de los activos más preciados del liderazgo: la lealtad del grupo humano que diriges.»

Lección 10: El propósito del equipo.

Cita: «Para liderar, en tu actitud encontrarás la clave para inspirar al equipo.»

«Para inspirar a tu equipo, deberás encontrar un propósito que dé sentido al trabajo en conjunto. Un propósito que para que sea eficaz, tendrá que proponer un futuro que resulte estimulante, genere emociones positivas y active la motivación colectiva. Un propósito que, como punto de partida del trabajo en equipo, estará obligado a alimentar el esfuerzo y las ganas de recorrer el camino que os conducirá a la meta que juntos os habéis propuesto alcanzar.»

Lección 11: El buen ejemplo.

Cita: «De un buen líder se espera que sea convincente mediante la palabra y ejemplar mediante la acción.»

«La ejemplaridad te permitirá influir positivamente sobre el grupo que lideras, te ayudará a fomentar los comportamientos que busquen beneficiar al conjunto, favorecerá la implicación y el compromiso genuino de todos y cada uno de los componentes del equipo y, como resultado, asentará un profundo sentido de pertenencia a nivel grupal.»

Lección 12: La confianza del líder en el equipo.

Cita: «Confiar en el equipo es un rasgo que diferencia a los grandes líderes.»

«La confianza es la energía que transmites al equipo y hace posible que trabaje con tenacidad para conseguir los objetivos. Es la fuerza que le motiva a actuar con determinación sin que el miedo al error acabe con su iniciativa. Es el motor que le empuja hacia el futuro sin que la incertidumbre condicione su valentía. Por estos motivos, confiar en el grupo que lideras es un desafío que tendrás que superar si realmente quieres liderar con valor y entusiasmo.»

Lección 13: La química del equipo.

Cita: «La confianza del equipo en sí mismo es el pilar sobre el que se construyen los equipos que se sienten ganadores.»

«Fomentar que la confianza sea el vínculo que mantiene unido al conjunto, crear un ambiente en el que la "química del equipo" fluya con naturalidad, y hacer posible que esa química sirva para contagiar el deseo de mejorar y las ganas de participar en la dinámica colectiva, demostrará tu maestría como líder y tu grandeza como ser humano.»

Lección 14: Comunicación proactiva.

Cita: «Para liderar con maestría tendrás que comunicarte con la misma habilidad con la que el escultor talla la piedra.»

«Una buena comunicación es básica para liderar. Es el vehículo que permite transmitir y recibir la información que hace posible el trabajo en conjunto. Es la herramienta que, si utilizas bien, te permitirá conectar con las personas que forman el equipo, te ayudará a coordinar las tareas colectivas y facilitará la resolución de los problemas que surjan.»

Lección 15: Escucha activa.

Cita: «Cuando un líder escucha con atención a las personas que integran su equipo, se interesa por lo que dicen y comprende cómo se sienten.»

«Escuchar con atención e interesarte de verdad por los seres humanos que integran tu equipo son hábitos que, si todavía no has adquirido, tendrás que adquirir. Por supuesto, siempre que tu intención sea convertirte en un líder que, además de comunicarte con proactividad, quiera comprender y entender lo que tienen que decirte.»

Lección 16: Liderazgo emocional.

Cita: «La gestión de las emociones colectivas demanda sabiduría para comprender, serenidad para gestionar y determinación para resolver.»

«Entender cómo afectan las emociones a la dinámica del equipo, aprender a gestionarlas con habilidad, saber qué estímulos son los que generan mayor inquietud en el grupo y comprender cómo le afecta tu propio estado emocional son competencias que tendrás que desarrollar si quieres construir un liderazgo centrado en las personas y que perdure en el tiempo.»

Lección 17: El poder de la empatía.

Cita: «Cuando el líder empatiza con el equipo, conecta con su lado más humano.»

«Si realmente quieres descubrir el lado más humano de las personas que lideras, entender qué las motiva de verdad, comprender por qué se comportan como lo hacen o saber cómo se sienten en las situaciones más comprometidas, deberás empatizar con ellas. La empatía es una cualidad que, aunque naces con ella, solo podrás desarrollar si tienes un interés real por conectar con tu equipo, si te comprometes contigo mismo para descubrirla y si la practicas asiduamente a lo largo del tiempo.»

Lección 18: Organizar para liderar.

Cita: «Al organizar al conjunto que lideras, focalizas su energía en la consecución de las metas que os habéis propuesto alcanzar.»

«La organización de un equipo exige un objetivo que especifique claramente qué se pretende lograr y ayude a definir cómo hay que organizarse para conseguirlo. También que se establezcan los roles que hay que desempeñar y quién los tiene que ejecutar para aumentar la probabilidad de obtener los resultados previstos. Y, por último, precisa de unas reglas del juego que hagan posible la convivencia y favorezcan las conductas que beneficien al conjunto.»

Lección 19: Un ambiente motivante.

Cita: «Únicamente los grandes líderes entienden que la motivación del equipo empieza en el ambiente que se respira en su interior.»

«Aunque no se puede ver ni tocar, si existe de verdad, la motivación es algo que se vive y se siente cuando se colabora en busca de un propósito común. Para hacer posible esa vivencia y ese sentimiento, deberás crear un ambiente de trabajo en el que la gente pueda expresarse y aportar ideas con la seguridad de que no será penalizada, pueda participar activamente en la dinámica grupal y, como consecuencia, sienta que pertenece a un verdadero equipo.»

Lección 20: La motivación del equipo.

Cita: «El arte de motivar está reservado para los líderes que creen en el poder de la conexión con el equipo.»

«Para motivar al conjunto que lideras tendrás que establecer un objetivo que resulte estimulante y sea realizable. Deberás reconocer los esfuerzos individuales y colectivos. Estarás obligado a valorar y celebrar los éxitos y a aceptar los fracasos. Deberás proporcionar la autonomía que corresponda con el nivel de destreza de cada componente del equipo. Y, por último, tendrás que hacer posible que vean el resultado del trabajo que cada uno ha realizado.»

Lección 21: Un cambio imprescindible.

Cita: «La gestión del cambio exige inteligencia para convencer, determinación para hacer y templanza para consolidar.»

«Liderar está íntimamente relacionado con cambiar, ya que los objetivos y las actividades que dan contenido al trabajo en equipo suelen sufrir importantes modificaciones a lo largo del tiempo. Podríamos decir que mientras la planificación identifica el trayecto que hay que recorrer para llegar al destino, la flexibilidad que proporciona el cambio permite adaptarse a las características concretas del camino. Por esta razón, gestionar el cambio es una competencia que ineludiblemente tendrás que desarrollar si quieres liderar con tino.»

Lección 22: Resolviendo los conflictos.

Cita: «Para liderar una situación conflictiva se necesita valor para afrontarla, conocimiento para gestionarla y maestría para resolverla.»

«El líder competente sabe que el buen funcionamiento de un equipo no depende de que nunca haya conflictos, sino de que, cuando surjan, se resuelvan correctamente. Por eso, cuando llegue el momento y todo parezca venirse abajo, averigua qué ha provocado la situación conflictiva, busca la mejor solución de todas las posibles y garantiza que se aplican las medidas acordadas.»

Lección 23: Carácter y resiliencia.

Cita: «El carácter de un líder se mide por su capacidad para hacer creer al equipo que, a pesar de las dificultades, se puede conseguir el objetivo.»

«Tu verdadero carácter como líder emergerá con fuerza cuando convenzas al equipo de que luchar hasta el final es la mejor opción de todas las posibles, cuando le demuestres que la actitud y la resiliencia son esenciales para afrontar los momentos de dificultad y cuando le asegures que perder el miedo a la derrota es el primer paso para poder ganar. Únicamente así, la adversidad se convertirá en una fuente de mejora y aprendizaje.»

Lección 24: La protección del equipo en los momentos de dificultad.

Cita: «Si no proteges a tu equipo cuando más lo necesita, no eres la persona adecuada para liderarlo.»

«Al preocuparse por su equipo, protegerle cuando todo parece ir mal y darle el apoyo emocional que necesita, un líder obtiene a cambio lealtad, compromiso e implicación, ingredientes básicos para hacer frente a los momentos de mayor dificultad, superarlos con éxito y salir fortalecidos.»

Lección 25: El orgullo de ver crecer al equipo.

Cita: «Si sientes un orgullo especial cuando ves a tu equipo crecer con fortaleza, entonces eres el líder que necesitan.»

«Como líder, el sentimiento más genuino que podrás tener por el equipo es orgullo, y lo experimentarás de manera natural siempre que conectes a nivel emocional con cada una de las personas que lo integran, siempre que construyas su dinámica sobre los valores que fomentan la colaboración auténtica, siempre que te preocupes por mejorarlo y siempre que veas el resultado del trabajo en conjunto como una creación tuya.»

Lección 26: El legado de un gran líder.

Cita: «Recuerda que cuando evalúes tu legado como líder, lo harás pensando en las personas con las que compartiste los proyectos más importantes de tu vida.»

«La vida me ha enseñado que muchas veces no somos plenamente conscientes de las consecuencias de nuestros errores hasta que ya no tienen solución. Que cometemos una y otra vez las mismas equivocaciones sin darnos cuenta del perjuicio que causan. Sobre todo, cuando nos relacionamos con las personas con las que compartimos los proyectos más importantes de nuestras vidas. Y que cuando llega el momento de la revelación y entendemos lo que ha ocurrido, es cuando aparecen dos de los sentimientos más desagradables que puede llegar a sentir un ser humano: el remordimiento y el arrepentimiento del que sabe que no ha hecho bien las cosas. Sentimientos que podrás sustituir por el orgullo y la satisfacción del que está en paz consigo mismo, si decides desde este momento recorrer la senda que te he propuesto en *Sentir el liderazgo*.»

Lección 27: Un líder para la empresa.

Cita: «El líder de verdad sabe que las personas responsables y comprometidas hacen todo lo posible por no cometer errores sin la necesidad de sentirse amenazadas.»

«Para liderar en el ámbito profesional tendrás que creer en las personas que integran tu equipo y en su predisposición para trabajar por el bien común. Para lo cual deberás crear un clima laboral que esté tan cerca del respeto, la confianza, la gestión emocional, la empatía y la buena organización, como alejado del miedo, la desconsideración, la desmotivación y la desorganización colectiva.»

Lección 28: Un equipo ganador.

Cita: «La mayor fortaleza de un líder es creer en el potencial de las personas que integran el equipo.»

«Un buen entrenador es el que asume la responsabilidad que tiene sobre el colectivo sin temor a las posibles consecuencias. Es el que se gana la autoridad desde la educación y el respeto que muestra hacia su equipo. Es el que motiva cuando las cosas van bien, pero también cuando van mal. Es el que sabe que, para ganar, primero hay que conectar, segundo hay que confiar y tercero hay trabajar "duro". Y es el que tiene claro que el activo más valioso que tiene a su disposición son las personas que forman el grupo humano que dirige.»

Lección 29: Liderazgo en el aula.

Cita: «El verdadero liderazgo se basa en la capacidad del líder de convencer sin imponer.»

«La educación es un pilar fundamental de la sociedad en la que vivimos. Es la base sobre la que se asientan el aprendizaje y la capacidad crítica que tanto nos alejan de la ignorancia. Es la herramienta que tienes a tu disposición como docente para construir un mundo que cada día sea un poco mejor. Una herramienta que tendrás que desplegar con la paciencia y la pasión que tanto necesitan tus alumnos.»

Lección 30: Liderando en familia.

Cita: «El liderazgo no va de grandes personajes que hacen cosas extraordinarias, sino de personas normales que, como tú, se esfuerzan por mejorar a los demás y ser un buen ejemplo.»

«Para ser el líder que tus hijos necesitan, muéstrales afecto todos los días, sé un buen ejemplo en la palabra y en la acción, confía en ellos y permite que se equivoquen, protégeles lo justo para que puedan enfrentarse a la vida con valentía y no olvides nunca que el mayor regalo que les podrás hacer es una autoestima fuerte y libre de miedos sin sentido. Sin lugar a duda, el mayor desafío al que te enfrentarás como ser humano es llegar a ser un buen padre o una buena madre. En ti está el superarlo con éxito.»

Notas

INTRODUCCIÓN

Nota 1: Una de las singularidades del cerebro humano es que activa los mismos circuitos y respuestas fisiológicas ante amenazas reales e imaginarias.

Nota 2: El estrés es beneficioso y necesario para vivir. No obstante, el estrés negativo, llamado también distrés, es perjudicial y puede llegar a generar importantes problemas de salud.

PARTE 1.   DEL AUTOCONOCIMIENTO A LA REINVENCIÓN

Nota 1: Hablando de aprendizaje, el neurobiólogo Rafael Yuste nos recuerda que «una vez que se cierra el período crítico, el cerebro se estabiliza y cristaliza tanto en su forma como en su función, por lo que será muy difícil cambiarlo... por eso es muchísimo más fácil aprender de niño que de mayor» (2024, p. 118).

Nota 2: De acuerdo con Daniel Goleman, la autoconciencia es uno de los requisitos de la inteligencia emocional junto con la conciencia social, la autogestión y la gestión de las relaciones.

Nota 3: El sistema nervioso simpático activa la respuesta de lucha o huida como respuesta ante una amenaza (real o imaginaria), mientras el sistema nervioso parasimpático activa la vuelta a la calma.

Nota 4: Según la doctora Carol S. Dweck, cuando alguien consigue un buen resultado y como consecuencia cree que es inteligente, no querrá asumir iniciativas que puedan poner el riesgo ese resultado y lo inteligente que es. Como consecuencia, evitará las actividades que puedan suponer un reto.

Nota 5: Utilizar el resultado (las expectativas) como la motivación principal para el aprendizaje puede generar estrés si las expectativas son demasiado elevadas y no dominamos la materia en cuestión.

Nota 6: La microgestión es un estilo de gestión empresarial que se basa en el control hasta el detalle de las tareas que realizan los empleados.

Nota 7: De acuerdo con el psicólogo Daniel Kahneman, el cerebro humano tiene dos sistemas de pensamiento. El sistema 1 es rápido, automático, intuitivo y las emociones juegan un papel crucial en su activación. El sistema 2 es lento, racional, deliberativo y su activación requiere un esfuerzo.

Nota 8: Daniel Goleman habla de secuestro amigdalar para explicar las situaciones en las que la amígdala (sistema límbico) toma el control de nuestro cerebro y provoca que este active de forma permanente el mecanismo de supervivencia como respuesta ante el peligro detectado por la propia amígdala.

Nota 9: La corteza prefrontal del cerebro se encarga de importantes funciones ejecutivas como el control de los impulsos, el razonamiento y la toma de decisiones.

Nota 10: Las personas que tendrán un mal comportamiento cuando trabajen en equipo, independientemente de cómo se las trate, son una minoría en comparación con la gente que tiene una buena conducta y se preocupa por el bien común.

Nota 11: El psiquiatra americano Aaron Beck descubrió en los años sesenta el increíble poder que tienen las creencias sobre la idea que tenemos de nosotros mismos y de lo que creemos que somos capaces de hacer.

Nota 12: Daniel Goleman explica que «Para que la nueva conducta adquiera la firmeza suficiente usted debe recurrir a la fuerza de la neuroplasticidad: debe repetirla una y otra vez. Si persevera, los nuevos circuitos se conectarán y cobrarán cada vez más fuerza, hasta que un día hará lo que tiene que hacer y como lo tiene que hacer sin pensárselo dos veces... cuando se produzca ese cambio, el hábito corregido pasará a ser lo habitual» (2016, p. 94).

PARTE 2. LA AUTENTICIDAD

Nota 1: Los humanos somos seres eminentemente sociales. La pertenencia a la «tribu» está fuertemente arraigada en nuestro cerebro después de cientos de miles de años de evolución.

Nota 2: El afecto y la atención que reciben los niños en las primeras etapas de sus vidas son esenciales para la formación de su personalidad y para la construcción de su autoestima.

Nota 3: Los términos visión y propósito se utilizan como sinónimos y se emplean para describir una imagen sobre el futuro que resulte inspiradora y motivadora.

Nota 4: Daniel Goleman (2016, 2018) explica que el cerebro humano está diseñado para empatizar e interactuar con los demás. En este caso, las neuronas espejo nos permiten conectar con las personas con las que nos relacionamos, hasta el punto de replicar sus emociones en nuestro cerebro. Sentimos lo mismo que sienten ellas. Asimismo, otras neuronas llamadas osciladores sincronizan el movimiento físico entre personas de manera inconsciente. Estos dos tipos de neuronas son los principales responsables de transmitir y contagiar los estados de ánimo entre seres humanos.

Nota 5: De acuerdo con Daniel Goleman, «cuando existen diferencias de poder (en el aula, en el trabajo, por lo general cualquier tipo de organización) el emisor emocional es el individuo más poderoso, que marca el estado emocional del resto» (2016, p. 74). En nuestro caso es el líder.

PARTE 3. LA CONEXIÓN

Nota 1: El efecto Rosenthal se refiere al efecto que las expectativas de una persona pueden tener sobre el rendimiento de otra. De tal forma que si alguien importante confía en nosotros y nos hace creer que podemos conseguir un objetivo complicado, tendemos a subir el rendimiento y a aumentar la probabilidad de conseguirlo.

Nota 2: Empoderar es dar poder a alguien para que pueda tomar decisiones y actuar con criterio propio en algún ámbito.

Nota 3: La participación no siempre es posible y dependerá de la complejidad y la naturaleza de las decisiones que haya que tomar.

Nota 4: La comunicación no verbal se origina en nuestro inconsciente de forma automática.

Nota 5: La inteligencia emocional es la capacidad para reconocer, entender y gestionar nuestras emociones y las de las personas con las que nos relacionamos.

Nota 6: Según la doctora Susan David, «ser emocionalmente ágil significa ser consciente de todas las emociones y aceptarlas e incluso aprender de las más difíciles» (2022, p. 50).

PARTE 4. EL TALENTO

Nota 1: Las fórmulas tradicionales que se han utilizado para motivar, muchas veces, han tenido el efecto contrario del que se pretendía. Gracias a la psicología y a la neurociencia, empezamos a entender las bases efectivas de la motivación humana.

Nota 2: El sistema de recompensa del cerebro es un conjunto de estructuras y conexiones neuronales que se activan ante estímulos gratificantes, generando sensaciones placenteras que potencian el aprendizaje y la formación de hábitos.

Nota 3: El liderazgo situacional de Hersey y Blanchard propone un estilo de liderazgo acorde al grado de madurez de las personas que forman el equipo. Este grado de madurez depende de la capacidad que tienen para asumir las responsabilidades asociadas al rol que desempeñan y la capacitación técnica para realizar las tareas encomendadas. Los cuatro estilos son: directivo, persuasivo, participativo y delegado.

Nota 4: Como comenté en *El símbolo secreto del liderazgo,* en contraposición a la famosa expresión «salir de la zona de confort», lo que implica dejar un estado mental en el que nos sentimos cómodos y cambiarlo por otro en el que no, creo que es más productivo y realista trabajar para «ampliar la zona de confort». Entonces, nos esforzaremos por construir algo de mayor amplitud desde el estado mental que nos hace sentir bien. Por ejemplo, abriéndonos a experimentar nuevas vivencias, realizando con mayor asiduidad actividades novedosas, etc.

PARTE 6. LECCIONES DE VIDA

Nota 1: Cuando hablamos de objetivos y resultados, el deporte profesional tiene unas connotaciones muy particulares. No obstante, en los aspectos relacionados con el compromiso, la implicación, la motivación o el sentido de pertenencia, comparte muchas características con el deporte de formación o el amateur.

Nota 2: Párrafo extraído del libro *El círculo mágico del liderazgo* (Peña, 2022). Por su idoneidad y porque me encanta lo que expresa, he decidido utilizarlo en su literalidad en vez de modificarlo.

Nota 3: El hipocampo es una estructura ubicada en el sistema límbico que cumple funciones fundamentales para el aprendizaje y la memoria a largo plazo.

Nota 4: Estado emocional que anticipa la proximidad de una amenaza o un peligro que, aunque no sea real, lo percibimos como si lo fuera.

BIBLIOGRAFÍA

Alonso, M. (2010). *Reinventarse. Tu segunda oportunidad.* ESB.

Alonso, M. (2021). *Resetea tu mente. Descubre de lo que eres capaz.* Espasa.

Alonso, M. (2023). *El camino del despertar. Toda transformación comienza en uno mismo.* Espasa.

Benito, J. (2025). *El poder de la amabilidad. Cómo la neurociencia nos ayuda a mejorar nuestras relaciones. Atraer lo bueno y vivir más.* Planeta.

Bennis, W. y Nanus, B. (1985). *Leaders: The Strategies for Taking Charge.* Harper & Row.

Bermúdez de Castro, J. M. (2021). *Dioses y mendigos. La gran odisea de la evolución humana.* Crítica.

Blanchard, K. (2019). *Leading at a Higher Level.* Pearson Education, Inc.

Blanchard, K. y Broadwell, R. (2018). *Servant leadership in action: How You Can Achieve Great Relationship and Results.* Berrett-Koehler Publishers, Inc.

Carnegie, D. (2022). *Cómo ganar amigos e influir sobre las personas* (ed. rev.). Edhasa.

Castellanos, N. (2025). *El puente donde habitan las mariposas.* Ediciones Siruela.

Clear, J. (2020). *Hábitos atómicos. Cambios pequeños. Resultados extraordinarios.* Planeta.

Csikszentmihalyi, M. (1990). *Flow: The Psychology of Optimal Experience.* Harper & Row.

David, S. (2022). *Agilidad emocional. Rompe tus bloqueos, abraza el cambio y triunfa en el trabajo y la vida.* Sirio.

De Pree, M. (2004). *Leadership is an art.* Crown Business.

Duhigg, C. (2013). *The Power of Habit: Why We Do What We Do and How to Change.* Random House Books.

Duhigg, C. (2024). *Supercommunicators: How to Unlock the Secret Language of Connection.* Random House Books.

Dweck, S. (2017). *Mindset. Changing the Way You Think to Fulfil Your Potential* (ed. rev.). Robinson.

Eagleman, D. (2016). *The Brain. The Story of You.* Cannongate Books, Ltd.

Edmondson, A. C. (2019). *The Fearless Organization: Creating Psychological Safety in the Workplace for Learning, Innovation and Growth.* John Wiley & Sons, Inc.

Glaser J. E. (2014). *Conversational Intelligence: How Great Leaders Build Trust and Get Extraordinary Results.* Bliomotion.

Goleman, D. (1995). *Emotional Intelligence: Why It Can Matter More Than IQ.* Bantam Books.

Goleman, D. (2016). *El cerebro y la inteligencia emocional. Nuevos descubrimientos.* Penguin Random House.

Goleman, D. (2018). *Cómo ser un líder.* Penguin Random House.

Goleman, D. (2025). *Las doce competencias de la inteligencia emocional.* Penguin Random House.

Grant, H. (2018). *Reinforcements.* Harvard Business Review Press.

Heying, H. y Weinstenin, B. (2022). *Guía del cazador recolector para el siglo XXI. Cómo adaptarnos a la vida moderna.* Planeta.

Hougaard, R. y Carter, J. (2019). *La mente del líder.* Reverté.

Hougaard, R. y Carter, J. (2022). *Compassionate Leadership: How to Do Hard Things in a Human Way.* Harvard Business Review Press.

Hunter, J. C. (2024). *La paradoja. Un relato sobre la verdadera esencia del liderazgo* (ed. rev.). Empresa Activa.

Ibarra, H. (2015). *Act Like a Leader, Think Like a Leader.* Harvard Business Review Press.

Kahneman, D. (2011). *Thinking, fast and slow.* Penguin Books.

Kotter, J. P. (2012). *Leading Change.* Harvard Business Review Press.

Kouzes, J. M. y Posner, B. Z. (2019). *El desafío del liderazgo* (6.ª ed.). Reverté.

Krzyzewski, M. (2001). *Leading with the Heart: Successful Strategies for Basketball, Business and Life.* Grand Central Publishing.

Lencioni, P. (2002). *The Five Dysfunctions of a Team.* Jossey-Bass.

Manes, F. y Niro, M. (2021). *Ser humanos. Todo lo que necesitas sobre el cerebro.* Paidós.

Maxwell, J. C. (2007). *The 21 Irrefutables Laws of Leadership. Follow Then and People will Follow You.* Thomas Nelson.

Owen, J. (2024). *The Leadership Skills Handbook.* Kogan Page.

Peña, D. (2021). *El círculo mágico del liderazgo. Cómo liderar personas con valor y entusiasmo.* Pirámide.

Peña, D. (2024). *El símbolo secreto del liderazgo. Talento y confianza para liderar equipos.* Pirámide.

Pink, D. H. (2018). *Drive: The Surprising Truth About What Motivates Us.* Canongate Books.

Pinker, S. (2022). *El efecto aldea. Cómo el contacto cara a cara te hará más saludable, feliz e inteligente.* Funambulista.

Punset, E. (2010). *El viaje al poder de la mente.* Ediciones Destino.

Rojas, M. (2019). *Cómo hacer que pasen cosas buenas. Entiende tu cerebro, gestiona tus emociones, mejora tu vida.* Espasa Libros.

Vignola, N. (2025). *Neuro hábitos. Rompe el bucle, transforma tus pensamientos y crea cambios duraderos.* Diana.

ÍNDICE ALFABÉTICO